学級を最高のチームにする極意

教室がアクティブになる 学級システム

赤坂 真二 編著

明治図書

まえがき

　本書は、学級経営の関連の書籍としては類書のないものに仕上がったと思っています。確かにこれまでも学級のシステムに関する書籍は数多く出されてきました。しかし、それらの多くは、係活動や当番活動の「やり方」を示したものでした。もちろん、それらの情報は学級経営においてとても大切です。「よりよい給食当番」の方法や「よりよい係活動の方法」は確かにあるわけです。

　本書を指して「類書のない」と指摘するのは、それぞれのやり方のつながりが示されていることです。学級担任を半年もやれば気づくはずです。学級はひとつの生命体のような存在で、それぞれのパーツが連動し合って、学級というまとまった仕組みをつくり上げていることを。腕と足と胴体をつなぎ合わせれば人になるわけではありません。全体が調和して、初めて動き出します。

　これは、企業経営で重視される全体最適の考え方です。成功している企業は、各部署やそれぞれの従業員が歩調を合わせて目的達成に向けて動いています。だからこそ、成果をあげることができるのです。それに対して、組織を成り立たせている要素や各部署の機能を高めることを部分最適と言います。パーツの機能を高めれば、全体の機能が高まりそうなものですが、そうはならないのです。営業だけががんばってもダメだし、開発だけががんばってもダメです。また、両方ががんばっていてもその努力の方向性が違っているとやはり成果はあがりません。

　学級崩壊などなく、子どもたちが落ち着いている時代は部分最適をやっていても学級はなんとか動きました。しかし、子どもたちの関係性や社会性が弱まっている昨今は、部分最適の発想ではうまくいかないのです。全体最適の発想が必要なのです。本書は、「係活動」とか「当番活動」などと個別に示すことはしませんでした。それぞれの執筆者に、統一体としての学級の姿を、システムの面から記述してもらいました。子どもたちの活動性の高い学級をつくっている教師は、何のために、どのようなシステムを設定しているのがわかるよ

うになっています。

　本書の理論編は，私，赤坂が担当しました。そこでは，学級のシステムを連動させる目的に触れました。管理目的のために学級をシステム化するのではなく，その向かうべき方向性について述べました。また，実践編は，子どもたちの活動性の高い学級経営をしている小中学校の教師13名が担当しました。小学校（実践１〜８）は，金大竜，飯村友和，中條佳記，松尾英明，八長康晴，北森恵，岡田順子，濱弘子，中学校（実践９〜13）は，渡部智和，吉田聡，松井晃一，曽根原至，黒田麻友美です。まず，各執筆者の子どもたちの活動性をあげる上で，大事にしている考え方を示しました。また次に，それぞれの学級で運営されているシステムの実際を示した上で，それをあなたの学級で活用できるようにするためのポイントを「コツ」として示しました。

　学級担任が，学級を営むのは目的があるはずです。その目的を達成するためには，子どもたちの活動性を高めることが必要です。それを実現するためにはもはや，部分最適の発想では難しいといわざるを得ません。本書が，みなさんの学級経営の発想を，部分最適の発想から全体最適の発想への転換を促し，子どもたちの活動性の向上のヒントになると確信しております。

　　　　　　　　　　　　　　　　　　　　　　　　　　　赤坂　真二

まえがき

第1章 あなたのクラスのシステムは子どもたちを幸せにするか

1 つぎはぎだらけになっていませんか　12
2 あなたのパズルに描かれる絵とは　14
3 学級システムデザイン図を　16
  (1) 教師のリーダーシップの発揮　20
  (2) 子ども同士の信頼関係の構築　20
  (3) クラスの協働的問題解決力の育成　21

「教室がアクティブになる学級システム」の使い方

※第2章の実践編は，下記の内容を中心にして，各執筆者が，それぞれの主張を展開しています。

❶アクティブな教室づくりの基礎・基本
▶教室をアクティブにする上で大切な基本的な考え方，ポイントなどについてまとめました。

❷私の学級システム―学級づくりのグランドデザイン
▶クラスをアクティブに出来る具体的な実践を，はじめて取り組む方にも追試できるよう，わかりやすく解説しました。

❸教室をアクティブに動かすコツ
▶成功させるコツ，また失敗しそうなところと失敗してしまった際のリカバリーの方法についても，ポイントをまとめています。

第2章 教室がアクティブになる学級システム

小学校

① 自分たちらしいハッピーなクラスをつくっていけるように 24
  1 「良いシステム」も「教育の目的」もトライアル＆エラーの先にある 24
  2 学級が動き出すシステムづくり 26
    (1) システムをつくる教師のあり方 26
    (2) まずは，「ちゃんと」を共有する 28
    (3) 自分たちのやりやすいように常に改善していく 33
  3 教室をアクティブに動かすコツ 34

② いつどんなシステムを仕組んでいくのか，シナリオを書くことから始めよう 36
  1 こんな子どもたちに！ 36
    (1) 安心安全であること 36
    (2) 「どうせ自分なんて……」などと思わせないこと 36
    (3) 物事のよいところを見ることができるように 37
    (4) 全力を出す気持ち良さを体験させる 37
  2 システムとシナリオ 38
    (1) 平成〇年度　Ａ小学校４年２組のシナリオ（４，５月） 38
    (2) 平成〇年度　Ａ小学校４年２組のシナリオ（６，７月） 39
    (3) 平成〇年度　Ａ小学校４年２組のシナリオ（９，10月） 40
    (4) 平成〇年度　Ａ小学校４年２組のシナリオ（11，12月） 41
    (5) 平成〇年度　Ａ小学校４年２組のシナリオ（１，２，３月） 42
  3 システムの詳細 43
    (1) クラス目標→ミッション 43　(2) 磨くノート 44
    (3) 班活動 45　(4) 一人一役当番活動と会社活動 45
  4 システムが機能するコツ 46

③ 子どもたち全員が楽しく活躍できるクラス経営術 48
  1 目指すクラスとその実現のためのシステム 48
    (1) 静から動へ 48　(2) 継続性 49
    (3) システムのわかりやすさと必要性 49

2　私の学級システム　50
　(1)　それでいいのか　係活動　50
　(2)　仕事は，自分で見つけましょ　一人〇役制度　51
　(3)　気持ちの見える化　サンキューカード　52
　(4)　掃除力UP　掃除職人を目指せ！　53
　(5)　クラスを育てるためのお話　54
　(6)　学級キーワード～わたしたちだけが知っている～　55
　(7)　コミュニケーション力をUP　55
　(8)　とにかく任せる　57
3　教室をアクティブに動かすコツ　58
　(1)　子どもたちへの声かけ　58　　(2)　一人一人に依怙贔屓(えこひいき)　58
　(3)　教師が上機嫌　58　　(4)　活動後の達成感と高揚感を実感　59

④ **不親切教育システムのすすめ**
　～トライ&エラーで「自分たちのクラス」をつくる～　60
1　目指すクラスとその実現のためのシステム　60
　(1)　まずは安全・安心のためにシステムの大枠だけをつくる　60
　(2)　「不親切教育」を原則に進める　61
2　私の学級システム　62
　(1)　係活動は立ち上げて，廃止していくシステムに　62
　(2)　当番活動も，必要に応じて変化　63
　(3)　給食システムでは「感謝」をおさえることが肝　64
　(4)　朝のクラス会議で自分たちのクラスづくり　66
　(5)　クラスのグランドデザインを子どもとつくる　68
　(6)　日記システムでつながりをつくる　70
3　教室をアクティブに動かすコツ　71

⑤ **先生は「おだまり」，クラスは「陽だまり」**　72
1　目指すクラスとその実現のためのシステム　72
　(1)　「何のために学校に来るのか？」　72
　(2)　誰かを思って，自分のチカラを発揮できる子　72
　(3)　教室をアクティブに動かす4つの柱　73
2　私の学級システム　74

(1)　自由設立制会社システム　74
　　　(2)　自由設立制会社活動の実際　75
　　　(3)　「どうしよう」から「そうしよう」の当番活動　78
　　　(4)　勇気づけとケアのフィードバック　81
　　3　教室をアクティブに動かすコツ　82
　　　◆　ケアし合えるシステムをつくる　82

6　「輪ゴムのトライアングル」でクラスを動かす　84
　　1　目指すクラスとその実現のためのシステム〜輪ゴムのトライアングル〜　84
　　2　私の学級システム　86
　　　(1)　システムを動かす前提条件〜学級目標を日々意識させる〜　86
　　　(2)　自分ファーストの学級づくり参画システム〜サークル活動〜　87
　　　(3)　学級ファーストの学級づくり参画システム　90
　　　(4)　子ども同士をつなぐ活動　93
　　3　教室をアクティブに動かすコツ　94

7　全員が時間いっぱい動く〜ゴールに向かう協働で自ら動く子を育てる〜　96
　　1　目指すクラスとその実現のためのシステム　96
　　　(1)　全員が時間いっぱい動くには　96
　　　(2)　差を生かすには「枠」の中で「協働」する　96
　　2　私の学級システム〜適切な枠と協働体験〜　98
　　　(1)　枠が適切でないと失敗する　98
　　　(2)　適切な枠を考える〜係活動を通して〜　100
　　　(3)　動きやすい土壌をつくる〜グループ決めを通して〜　103
　　　(4)　協働を価値付ける〜授業を通して〜　105
　　3　教室をアクティブに動かすコツ　106
　　　(1)　子ども自身がコツを身に付けるために　106
　　　(2)　子どもを「動かす」のでなく「育てる」　107

8　子どもたちが主体的・協働的に活動でき, 個と学級が成長するために　108
　　1　しくじり先生〜リーダーシップをはき違えていた初めての6担時代〜　108
　　2　システムづくりのために　110
　　　(1)　学級のビジョン（学級目標づくりのシステム）　110
　　　(2)　生活を振り返る機会（帰りの会のシステム）　111

3　行事や校外活動などを通して成長する学級システム　112
　　(1)　運動会に向けた取り組み（5・6年／組体操合同練習）　112
　　(2)　チーム力を高める応援旗づくり　113
　　(3)　運動会応援団の選出～練習　114
　　(4)　チームとしてのベクトルをそろえる（4・5年／合同自然教室）　114
　　(5)　個と集団のフィードバックの機会　116
　4　創意工夫のある活動が生まれるシステム　117
　5　授業とつながりのある行事を通して子どもたちが成長するシステム　119
　6　教室をアクティブに動かす7つの習慣　120

中学校

⑨　教師の価値づけで，仲間に貢献する喜びをたくさん味わわせる　122
　1　目指すクラスとその実現のためのシステム　122
　2　実践例　124
　　(1)　清掃当番で生徒の主体的な姿を引き出す　124
　　(2)　創意工夫のある活動を学校行事で組織する　128
　　(3)　係活動の活性化にはチェックの機能が欠かせない　131

⑩　一人一人の責任感と仲間とのかかわりで学級を動かす　134
　1　目指す学級像と基本的理念　134
　2　私の学級システム　135
　　(1)　事前に学級の運営方法を生徒に示す　135
　　(2)　係は細分化，グループによる当番制　138
　　(3)　朝学活，終学活を活用したグループトーク　142
　3　教室をアクティブに動かすコツ　144

⑪　担任不要の学級システム　146
　1　目指すクラスとその実現のためのシステム　146
　2　私の学級システム　148
　　(1)　係の決定は投票で行う　148
　　(2)　定期的な振り返りを行う　149
　　(3)　行事をステップにする（自分たちで動く）　150
　　(4)　行事をステップにする（他者に目を向ける）　152
　　(5)　行事をステップにする（体育祭作戦シートの活用）　153

(6)　クラスの歩みを掲示する　154
　　(7)　ポートフォリオ掲示　155
　　(8)　感謝メッセージ　156
　3　教室をアクティブに動かすコツ　156
　　(1)　一日の始まりは黒板メッセージから　156　　(2)　一日の終わりを見送る　157

12　生徒のよさを発見，発信し続け"生徒が動くクラス"をつくる　158
　1　目指すクラスとその実現のためのシステム　158
　　(1)　学年で統一されたシステムが必要な中学校〜係活動と当番活動〜　158
　　(2)　生徒が動くクラスの条件　159　　(3)「お互いを認め合う」雰囲気　159
　2　私の学級システム　160
　　(1)「モデリング」に着目して　160
　　(2)「お互いを認め合う」雰囲気を支え，「貢献」を促す具体的な手立て　160
　　(3)　基本的な組織づくりについて　167
　3　教室をアクティブに動かすコツ　168

13　生徒が動く「隙」を残す〜やりすぎ初心者からの卒業〜　170
　1　目指すクラスとその実現のためのシステム　170
　2　私の学級システム　172
　　(1)　係活動で自治の土壌づくり　172　　(2)　当番活動で心地良い環境づくり　175
　　(3)　勝負どころは行事にアリ　178
　3　教室をアクティブに動かすコツ　180

あとがき

第1章

あなたのクラスのシステムは子どもたちを幸せにするか

教室がアクティブになる
学級システム　理論編

1 つぎはぎだらけになっていませんか

　みなさんは今日も，様々な実践を繰り広げていることでしょう。子どもたちが，全力で肩を揺らし口をいっぱいに開けて校舎中に音読を響かせているのでしょうか。それとも，互いのアイディアを寄せ合って，学習課題を解決しようとしているのでしょうか。また，問題の解き方がわからない仲間に，あらゆる方法を駆使してわかってもらうために説明しているのでしょうか。学習時間に限りません。さっきまで汗を流しながら遊んでいたかと思ったら一心不乱に清掃を始めたり，合唱コンクールに向けてパートごとに作戦タイムをしたり，イベントに向けて準備をしたりしているのでしょうか。みなさんは，きっとよい授業をつくり，よいクラスをつくるために様々なことを仕掛けて子どもたちを育てようとしていることでしょう。

　そこで，一つお聞きしたいのです。

> みなさんの教育を受けた子どもたちには，どんな力が付くのだろうか？

　数年の経験をもつ教師ならば，ほぼ全員が気づいているだろうと思います。子どもたちに一定の力を付けようと思うならば，継続的な実践が必要です。打ち上げ花火を上げるような場当たり的な実践では，そのときそのときは，活動が盛り上がっても，子どもたちの力量形成にはつながりません。子どもたちに残るものは，あなたが，「続けて子どもたちに働きかけたもの」だけです。

　また，ひとつひとつの実践は，パズルのピースのようなものです。それぞれに美しい柄が描かれていたとしても，それを組み合わせたときに絵にならないことが往々にしてあります。子どもたちに力を付ける教師の教室では，一定の方向性をもった実践が，継続的に実践されています。その方向性を与えるものが，パズルを組み合わせたときに現れる絵です。

　この絵が見えている教師のクラスでは，子どもたちにねらいとする力量が身に付く可能性が高いです。ひとつひとつの実践はたとえ地味でも，パチッ，パ

 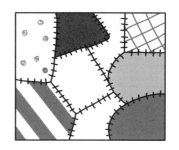

チッとはまり，時間をかけながら，子どもたちに付けたい能力が一枚の絵のように形作られていきます。しかし，それが見えていない教師は，たとえそれぞれのピースが美しくても，バラバラなので絵にはなりません。「つぎはぎ」なのです。彼らの実践のひとつひとつは，インパクトがあります。国語では○○実践，算数では□□流，話し合いは××式……。ただ，その教師にとって大事なのは，描かれる絵，つまり身に付けたい能力ではなく，その実践をすることなのです。

　思い通りの結果が得られないと，他罰的な人は子どもたちを責め，自罰的な人は自分を責めます。前者は子どもたちと関係が悪くなります。後者は，自信を失います。どちらもあまりいいことにはなりません。何よりも子どもたちが混乱します。それぞれの実践を支える考え方が違うからです。

　学ばない教師はそれはそれで問題がありますが，一方で，学ぶことに貪欲な教師がこうした罠に陥ることがあります。彼らは一流の教師の力強い実践を学んできます。その「まばゆさ」は，しばしば実践者から考える隙を奪ってしまいます。「○○先生の実践だから間違いない」と。しかし，うまくいかないことがあります。勉強してきたように子どもたちが動かないのです。

　当然です。子どもたちが違います。そもそも，実践者である「あなた」が違います。当然ですが，

> あなたはその一流教師とは異なる

存在です。違う人がやれば違った結果が得られるのは当然のことです。しかし，一流の実践の「まばゆさ」には，こんな当たり前のことを忘れ去らせてしまう危うさがあります。あなたの憧れたその実践は，その一流教師の全体の実践のほんの断片にすぎません。氷山の一角なのです。「あのようにやりたい」「ああなりたい」と思ったら，海水に沈んだ氷山の全体を見なくてはならないのです。

　一流の実践を学ぶことは悪いことではありません。それらをみなさんのそれぞれの文脈に落としてみてほしいということです。どんな子どもたちを育てたいのかというビジョンを確認し，今，やっている手立てを今一度見直して，再構成してみることによって，みなさんのやっている実践の方向性がはっきりしてくることでしょう。

2 あなたのパズルに描かれる絵とは

　そこで，再度確認してみたいと思います。みなさんは，普段から意識していることだと思いますが，今一度，言葉にしてみてください。言葉にしてみると，自分の思いがハッキリします。

> 子どもたちにどんな力を付けたいのか？

　自分の今やっている実践をパズルのピースだとしたら，それらをはめ込んでいくとどんな絵ができるのでしょうか。想起してみてください。ここまで偉そうに述べてきましたが，何を隠そう，私はかなり重度の「つぎはぎ教師」だったと思います。今日明日の国語，算数の授業をどう進めればいいかわからなかったので，とにかく，時間枠を埋めるネタが欲しかったです。年数を重ねてそれなりに勉強すれば，ネタは集まります。そう，時間を埋めることは可能になります。

　しかし，あるとき気づくのです。

> 自分はどんな子どもたちを育てているのか，いや，そもそも，子どもたちに付けたい力をもっているのだろうか

ということに。漠然とした理想はありました。しかし，いつしかそれなりにクラスを動かすことができて，機能不全に陥ったクラスもとりあえず立て直すことができて，子どもたちにそれなりに支持されて，保護者たちから感謝されているうちに，そこに満足している自分がいたように思います。漠然とした理想をもちながらも，つぎはぎで自分のやりたいことをランダムに実践していたように思います。

そんなときに出会ったのがオーストリアの精神科医アルフレッド・アドラーが提唱したアドラー心理学です[1]。アドラー心理学については関連の書籍が多数出版されているので，そちらをご覧いただきたいと思いますが，私の場合はアドラー心理学を学ぶことによって，自分のこれまでバラバラにやってきた実践が，ある統合性をもってまとまってきたことを実感してきました。

なぜ，学級目標をつくるのか。その学級目標も，なぜ，教師が決めるよりも子どもたちが決めたほうがいいのか。なぜ，係活動をするのか。その係活動もなぜ，グループ分担方式よりも，会社方式がいいのか。なぜ，自分が道徳で信頼や友情に関する価値を大事にしてきたのか。なぜ，教科指導中に，話し合うのか，助け合うのか，学び合うのか，などなど，それまでつぎはぎだった実践が，パズルのピースとしてパチッ，パチッとはまり始めました。給食の時間は，給食指導になりました。清掃の時間は，協働と個の振り返りを体験する貴重な時間になりました。清掃をサボろうとする子には，叱るのではなく意味を伝えるようになりました。挨拶運動をするよりも，日々の挨拶を大切にするようになりました。

やっていることは表面的にはほとんど変わりません。むしろ，実践の総量で見たら少なくなっただろうと思います。

> シンプルに大切なことだけを実践するようになった

と思います。それによって,子どもたちに私の伝えたいことがストレートに伝わるようになり,理想とする教育の実現を手応えとして感じるようになりました。

しかし,勘違いのないようにお伝えしておきたいのは,だからといって本章で「アドラー心理学を実践しましょう」とお薦めするつもりは全くありません。一つの具体例として話したまでです。ここで問いたいのは,みなさんは実践を方向づけ統合するデザインをもっているだろうか,ということです。本書のテーマの「学級システム」は,そんなみなさんの理想を具体化するためのデザインです。

それぞれの実践がどのようにつながっているかを意識することで,みなさんが今取り組んでいることの意味が,鮮明になってきます。意味が明確化されると,方法論がハッキリしてきます。自分のビジョンを実現するために,必要なものと要らないものが見えてきます。意味と方法論がハッキリすると,実践者であるあなたのモチベーションが高まります。目標とその実現のための手立てが見えるようになるからです。

そして,何よりも子どもたちのモチベーションが高まります。あなたの指導が洗練されます。それまでごちゃごちゃしていてよく意味がわからなくて動けなかった子どもたちが,あなたがやろうとしていることの意味を自覚し,方法を理解して動き出します。

それでは具体例として,筆者の学級システムを述べます。自分の学級と比較しながら読み進めてください。

3 学級システムデザイン図を

まず最初に,学級経営の目的ですが,それは学校の教育目標から逸脱しないことはもちろんですし,学年で設定された目標も尊重することは当然のことです。ただ,実際には,それらから逸れるようなねらいを設定するほうが非現実的な話だろうと思います。

みなさんの実践する教育のゴールは何でしょうか。私が「生きる力」として

とらえていたのが「幸せになる力」です。漠然としすぎているでしょうか。しかし，これについてはそう異論はないのではないでしょうか。教育は，子どもたちが幸せになるためのものであることは共通理解されていると思います。漠然としていますが，これはそう荒唐無稽な理想論ではないようです。

「次期学習指導要領等に向けたこれまでの審議のまとめについて（報告）」（中央教育審議会　初等中等教育分科会　教育課程部会，2016年8月26日：以下「まとめ」）では，激変が予想されるこれからの時代において，学校教育が準備すべきことの一つとして，

> このために必要な力を成長の中で育んでいるのが，人間の学習である。これから子供たちが活躍する未来で一人一人に求められるのは，解き方があらかじめ定まった問題を効率的に解いたり，定められた手続を効率的にこなしたりすることにとどまらず，直面する様々な変化を柔軟に受け止め，感性を豊かに働かせながら，どのような未来を創っていくのか，どのように社会や人生をよりよいものにしていくのかを考え，主体的に学び続けて自ら能力を引き出し，自分なりに試行錯誤したり，多様な他者と協働したりして，新たな価値を生み出していくことであると考えられる。そのために必要な力を，子供たち一人一人が学ぶことで身に付け，予測できない変化に受け身で対処するのではなく，主体的に向き合って関わり合い，その過程を通して，自らの可能性を発揮し，よりよい社会と幸福な人生の創り手となっていけるようにすることが重要である

と指摘しています。

次期学習指導要領では，大きく変わろうとする社会に右往左往するのではなく，その変化に主体的に向き合い，よりよい社会と幸せな人生の創り手になることをねらっていることがわかります。「人にとって幸せとは何か？」という問いについては，みんな，それぞれの答えがあっていいとは思います。しかし，これから子どもたちが生きていく社会では「幸せは人それぞれ」「他人が決めるものではない」と悠長なことを言っていることはできないようです。高齢者人口の増加や人工知能の発達，そして，何よりも人口減少の問題は，社会の構

造,そして産業界の構造を大きく変えます。これから就労環境が悪化していくことが予想されています。

変動の時代に,幸せに対する考え方も揺らぎそうです。こうしたときにアドラー心理学は,一つの解答を提示してくれます。アドラー心理学では,「人生の意味は貢献である」と言います[2]。つまり,

> 人が幸せになるためには,協力する能力と,他者や社会に貢献する能力をもつこと

であると明快です。アドラー心理学は,古いようでいて,実に現代的です。高度経済成長期には,産業界は,組織の歯車になって働く企業戦士を求めました。「自分で考える力よりも従順さ」が求められたのです。しかし,これからの時代は価値を生み出す力が必要です。「まとめ」に示されるように,新たな価値を生み出す力です。そのときに,「言いなり」になって動くのではなく,「よりよい社会や人生」を見据えて,主体性を発揮して「多様な他者と協働」することが求められています。

みなさん,世の中に出て自分を助けるのはどんな力でしょうか。自分が困ったときに,他者に頼ることができる力ではないでしょうか。生活力のある人は,「よい依存先」をたくさんもっているのです。子どもたちが幸せになるためには,「よい依存先」をつくる力を育てることです。また,困っている人がいるときに,その人の力になることができ,感謝されたら私たちの幸福感は高まることでしょう。また,社会人としても組織人としても,他者に協力できる力が,生きる力としてかなり優先順位が高いことはお気づきでしょう。みなさんどうか今一度,学歴的とか出身大学とか,過去に大事にされてきた価値観をリセットして,

> 本当に社会人として大事なことは何か

を考えてみてください。

筆者のクラスでは,生きる力(幸せになる力)の中核として,他者と協力し

て問題解決をする力(協働的問題解決力)の育成を目指してきました。様々な活動の関係性を示すと,図1のようなデザインとなります。

クラスは次の3段階によって発達します。

(1) 教師のリーダーシップの発揮(図1の「TのLS」)
(2) 子ども同士の信頼関係の構築(図1の「C－Cの信頼関係」)
(3) クラスの協働的問題解決力の育成(図1の「協働的問題解決力」)

ここでは簡単に(1)～(3)の概略を示します。

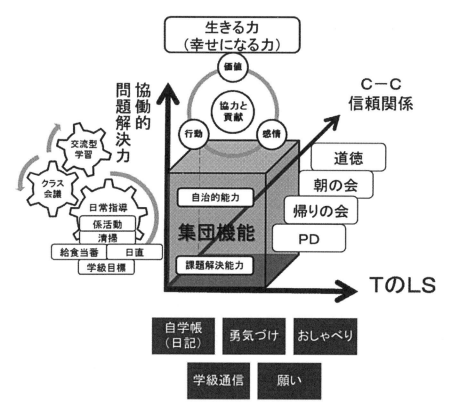

図1 「協働的問題解決力」育成のための学級システムデザイン

(1) **教師のリーダーシップの発揮**

　現代型の学級集団づくりのスタートは，子どもたちとの個人的な信頼関係の構築です。私は子どもたちとの個人的なおしゃべりや話題を大事にしました。そこで最も大事な道具は，日常会話と自学帳で取り組まれていた日記です。子どもたちは親にも友達にも見せず，私だけに宛てて書いていました。私は，そこで子どもたちの放課後や家庭での様子や，その子の価値観や趣味，好みを知ることができました。

　また，子どもたちとの日頃の会話では，子どもたちが自信がもてるようによさやがんばりを伝えて，勇気づけをベースにしてコミュニケーションをとっていました[3]。勇気づけは特別な場面の特別な言葉がけなどを指すものではありません。教師の日常的な態度を含み，常に心がけ，働きかけるものです。そうした地道なコミュニケーションの積み重ねでひとりひとりとの信頼関係を構築します。クラスに理想を語ることや様々な指導をすることは同時進行ですが，信頼関係のないところにそれをやるとすべてが「押しつけ」や強制になってしまいます。

　信頼関係の構築ができれば，リーダーシップの確立の8割は成功したと言っていいでしょう。私にとって学級通信は，リーダーシップを発揮する上で極めて重要な道具でした。子どもたちのよさを書けば，子どもたち本人の保護者も喜びます。また，継続的に書き続けることで，教師の考えや熱意を徐々に伝えることができます。そして，教師自身にとっても貴重なリーダーシップの記録となります。振り返りの材料となります。私にとって学級通信は，学級経営になくてはならないアイテムでした。

(2) **子ども同士の信頼関係の構築**

　教師と子どもたちの個人的信頼関係が，教師の指導性や影響力を高めます。それをリソースにして，子ども同士がつながるような場づくりをします。道徳では，つながること，協力することの価値を知らせます。また，朝の会や帰りの会では，互いのよさを伝え合ったり，アイスブレーク的な活動で楽しくかか

わり合ったりするようにしました。

　また，図中のPDというのは，アドラー心理学でいう「肯定的しつけ(Positive Discipline)」と呼ばれるものです。協力のための価値や行動を教えます[4]。子どもたちの主体性は大事です。しかし，教えるべきところは教えなくてはならないと考えています。

　ここまでが学級集団づくりの「下準備」です。

(3) クラスの協働的問題解決力の育成

　実際の協力する力は，協力的な活動をしなくては学べません。学習中における学び合いや教え合い，助け合い（交流型学習），また，生活課題を全員で話し合って解決するクラス会議などは，その最も中心的な活動です[5]。それらの接着剤となるものが，日常指導です。学級目標は，クラスで目指すべき目的地を示すものです。給食当番や日直などの当番活動は，クラスに必要な仕事をみんなで均等に分担することによって，生活共同体である自覚を育てます。また，清掃は，自問清掃というものに取り組んでいました。ゆるい役割分担はありますが，基本的に仕事は自分で見つけます。清掃中はしゃべりません。ノンバーバルによる協働活動であり，人と会話しないので，自分を見つめる時間にもなっていました。

　係活動は，会社方式と呼ばれる方法で取り組んでいました。クラスに貢献するならば，基本的に「内容」「メンバー」「活動期間」「活動場所」は自由です。もちろん，自由度が高いので，停滞したりトラブルがあったりします。しかし，そんなときは，クラス会議で問題の解決をします。トラブルがあるからこそ育ちます。

　こうしたシステムを通して，クラスは，教師が与えた課題や学習課題などで構成された課題を解決できる集団から，自分たちで問題を見つけ，解決する自治的集団へと成長していきます。図1の長方形が高くなればなるほど，学級集団としての機能が高くなることを意味します。こうした協力を基盤とした学級生活で，子どもたちは協力と貢献のための，価値や行動やそれにともなう肯定

的な感情を学び，協力者としての生き方を学んでいきます。

　よろしかったらみなさんも，システムデザイン図を作成してみてはいかがでしょうか。

【参考文献】
(1) 赤坂真二『先生のためのアドラー心理学』ほんの森出版，2010
(2) アルフレッド・アドラー著，岸見一郎訳『人生の意味の心理学　上・下』アルテ，2010
(3) 赤坂真二『ほめる叱る教師の考え方と技術』ほんの森出版，2013
(4) 赤坂真二『赤坂版「クラス会議」バージョンアップガイド』ほんの森出版，2016
(5) 赤坂真二『スペシャリスト直伝！成功する自治的集団を育てる学級づくりの極意』明治図書，2016

（赤坂　真二）

第2章

教室がアクティブになる学級システム

教室がアクティブになる
学級システム　実践編

1 小学校
自分たちらしいハッピーなクラスをつくっていけるように

1 「良いシステム」も「教育の目的」もトライアル&エラーの先にある

　今の6年生が僕の年齢36歳になるのは2040年。2040年，日本はどのようになっているのでしょうか。人口の減少，人工知能の発達，外国人労働者の増加など，どんな時代になっていくのかは想像もつきません。そんな想像もできない時代を生きていく子どもたちに，僕自身ができること，学校教育でできることは，「目の前にある課題に対して，多様な仲間と意見を交流し合いながら，自分たちにとっての倖せを実現しようと行動する経験を多く設定すること」です。そのために僕が教室で大切にしたいことはトライアル&エラーです。

　この原稿を書き始めた2016年9月28日。その日は勤務校で運動会に向けた総合練習がありました。その練習が終わると，クラスのある子が職員室にやって来ました。そして，「先生，みんなに賛成してもらったから，席替えしていいですか?」と言いました。僕は，「どうぞ」と言いました。その前日に，いろんなことを自分たちでできるようになるとステキだねと話していたので，「おっ，早速，自分たちでできることを増やそうとしてるんや。すごいなぁ」とうれしい気持ちになりました。

　しかし，結果は，席替えには至りませんでした。気持ちのすれ違いや意見の食い違いがあったようです。でも，話し合いの様子を見ていて，すごいと感動したこともたくさんありました。急に話し合いのメモとして黒板を使い始めたことや，一人だけ違う意見の人の声にもみんながしっかりと耳を傾けようとしていたこと。なかにはメモを一生懸命とりながらどうしたらいいのか考えている子もいました。そして，僕が話し合いを終えて授業をしようとしたときに「待ってください」と言って自分の意見を言った子もいます。自分たちのクラ

スを自分たちで動かそうとする姿がありました。

　その2日後，ある子が「話し合いたいことがあるので，1時間目を使っていいですか？」と言いに来ました。職員朝会が終わり，教室に行くと話し合いが始まっていました。どうやら一人の子が悩みを抱えていて，それをみんなに相談しているようでした。相談内容は「教室に入るときに，ぼくが挨拶をしても返してくれないことがあって，嫌だと感じている」ということでした。彼は思い込みが激しいところがあるし，言葉も乱暴。悪く言えば空気が読めずに，自分勝手なところが多々ある子です。だから，彼の勘違いの部分もあります。しかし，周りの子はその子の声にしっかりと耳を傾け，どうすれば気持ちが晴れるのか，どうすればみんながハッピーになるのかをとことん話し合っていました。本当にとことん。悩みを打ち明けた彼が涙ながらに話し，それに対して真剣に応えていました。途中，挨拶をしたいと思ってもドキドキする気持ちや，朝から機嫌が悪いときはできないからわかってほしいという意見など素直な気持ちがどんどん出てきていたし，悩みを相談した彼には，自分が「なんでかな？」と感じたときは「どうしたん？」と声をかけたらいいというアドバイスもありました。

　黒板はみんなの意見を順番に書いていくから無茶苦茶になるし，話し合いも船頭が多いから話題があっちにもこっちにもいく。はっきり言って下手くそでした。でも，声の小さな子には近くまで他の子が寄って行って聞き，みんなに伝える場面や，発表していない人の想いを聞く時間をつくるなど，お互いの足りないところをみんなでなんとか補っていました。

　この話し合いが終わった後，他の子が，「先生，掃除場所って自分たちで話し合って変えてもいいんですか？」と聞きに来ました。だから，「どうぞ」と答えました。こうしたことを聞いたとき，多くの教師は「問題が起きそうだし，嫌だなあ」と感じるのかもしれません。でも，こうした話し合いを通して意見を主張しすぎて揉めることも勉強ですし，そうしたことを何度も経験する中で合意形成もできるようになっていくのです。何度もいったりきたりして，何度も仲間とぶつかって，自分たちの力で今の自分たちが考える倖せをつくり出せ

るといいなぁと考えています。

2 学級が動き出すシステムづくり

(1) システムをつくる教師のあり方

　僕は4月からたくさんの指導をしています。だけど，その指導が正しいものか，そこでつくるシステムが正しいものかはわかりません。

　僕は，学級崩壊を怖れている部分があります。そのため，学年のスタートは教師のリーダーシップを発揮し子どもをコントロールしてでも，いつもある一定の段階まで引き上げようとしてきました。そうすることで，子どもたちがまずは教室を安全な場所だと感じられるようにしたいからです。このような考えになっているのは，毎年，何かしらの問題を抱える学級を担任するからです。

　しかし，この指導が本当に必要なのかどうかは正直，わかりません。今も迷っていますし，毎年，自分の状態と子どもの状態を見ながら変えています。一つの方法にこだわるのではなく，いつも子どもの状態からスタートしなければいけません。それは，どのシステムも子どもの力を育むためのものであって，教師の思い通りにするためのものではないからです。

　新任時代，子どもとともに成長している，子どもに育ててもらっている，そんな感覚が自分の中に強くありました。授業は下手だけど，子どもとすごく近かったし，子どもたちとの関係も自然で，子どもたちの反応，表情も自然でした。そこから経験を重ねるにつれ，僕はいつの間にか子どもたちを引き上げようと考えるようになり，コントロールしようとするようになりました。他の人からみたら良い学級になっていったかもしれませんが，僕自身は子どもの不自然さをなんとなく感じていました。子どもはきっと不自然だろうけど，そんなことを僕自身感じることもなく，自分の思う教室，授業をつくろうと一生懸命でした。子どものためだと言いながら，自分の思う通りに子どもを動かそうとしていました。

　しかし経験を重ねる中で，僕のやっていることが不自然で，子どもを苦しめ

ているということをなんとなく感じるようになりました。子どもと対立をしたとき，パワーで押し切ると遺恨が残るということも感じるようになりました。

そうしたことを感じるようになったとき，クラスの気になるあの子が，4つの目標をホワイトボードに書いて自分の机に掲げていました。

①あばれない　②授業中しゃべらない　③授業中歩かない　④人のじゃまをしない

それを見て，僕は「おいおい，無理すんなよ。せめて1つにしようや。しかも，それもゆっくり時間をかけてでいいから」と自然と声をかけるようになっていました。そのとき，僕も少しは成長したなと感じました。実はその子は朝早くに教室掃除をしに来ます。僕と二人で教室掃除をします。ほめたことはありません。「なんで，朝，掃除にくるの？」と聞くと，「わからへん」と言います。でも，毎日来ます。1学期，普段の掃除時間はあまり真剣に掃除はしませんでした。雑巾をふり回して走り回っていました。そんな彼が2学期はトイレ掃除をせっせ，せっせとしています。

僕は自分のクラスの，目の前にいる子どものことがわかりません。理解できないのです。だからこそ，必死に見ようとし，かかわりを増やします。そして，どうしたらこの子たちは変われるのだろうか，伸びていくのだろうかと考え続けます。絶対的なシステムはありません。「このシステムだからうまくいく」のではなく，「この子たちを見ているとこんなシステムならいけるのではないか」とアイデアが浮かんでくる。そうして実践するから，うまくいくのです。また，うまくいかなくても原因を教師自身に返しながら，次の新たな一手を打つことができ，その姿勢に子どもたちの心が動くのです。

システムをつくっていくときには，まず何よりも教師自身のあり方が大事です。ここから紹介するシステムは，僕とこれまで担任してきた子どもたちとの文脈の中でうまくいった実践です。だから，読者のあなたがうまくいくとは限りません。ぜひ，実践しながら，マイナーチェンジを繰り返してほしいのです。その姿勢がシステムづくりにとって何よりも大切なことなのです。

⑵ まずは,「ちゃんと」を共有する

　出会ったばかりの４月と学年末の３月では子どもの状態は違います。だから,当然のようにシステムも違いますし,目的も違います。４月,僕はどの活動も子どもと教師の「ちゃんと」をすり合わせるようにしています。「ちゃんと」をすり合わせながら,学級に対して安全と安心を感じられるようにしてあげるのが目的です。

　① 問題が起きるように仕組む

　４月のスタートは,できるだけ良いスタートにしたいと誰もが願っています。だから,教師の準備も大変です。ロッカーや靴箱に出席番号を貼ったり,ゆがまないように机に印を書いたり,当番のきまりを考えたりと一つ一つ考えていくときりがないほどです。しかし,この準備の中のいくつかのことが子どもの気づきや成長を邪魔していることはないでしょうか。教師が「子どものために」と思っている取り組みほど信じて疑いませんから,そこを改めて本当に必要か考え直すことが大切です。

　僕自身は,ロッカーに出席番号を貼ったり,机に印を書いたりはしません。初日は口頭で,「この端から出席番号１番の人が使ってくださいね」と言います。そうすると,次の日に必ず間違った場所を使う子がでてきます。それだけでトラブルになります。そのときに僕は,「困ったねえ。どうしたらいいかなあ。なんか良い案ある？」と子どもたちに聞きます。そうするとシールを貼ったらいいという意見はすぐに出てきます。そして,子どもたちが貼ればいいのです。そうして,自分たちで貼ればシールがはがれたときも自分たちで修繕するようになります。これを最初から大人が準備していると,やってくれるのが当たり前になっているというか,そうしたことに目がいかないのではがれたらはがれっぱなしになっていたり,「先生,はがれてます」と報告をしに来たりして,自分たちでやろうと思わなくなります。

　机もそうです。授業の最初に,「机がガタガタで見た目が悪いね。Ａくん,前に来て見てごらん。きれい？　どうしたらきれいに揃うかな？」と全体に尋ねます。そうすれば,床に印を書けばいいという案くらいはすぐに出ます。他

にも，掃除時間に机をいったん下げて，元に戻すときに机が入れ違ってしまうことも同じです。

　何でも前もって教師が対策を練るのではなく，こんな問題が起きるだろうと予測しておき，起きれば話し合って考えればいいのです。話し合いの中で，子どもから案が出なければ教師が提案すればいいだけのことです。

　こうして書くと，「えっ⁉　じゃあ，一つ一つ何は教師が準備して，何は準備しないかを教えて！」と思う方がいらっしゃるかもしれませんが，教師だって思いつく，できそうなことからやっていけばいいのです。教師自身がトライアル＆エラーを繰り返すことが大切です。子どもと話し合う中で，ちゃんとするにはどうしたらいいのかを話し合います。そこでは，教師はカリカリするのではなく，どしっと構えて問題が起きたら，みんなで話し合う。そうした姿勢が子どもたちにも安心を与えていきます。

　②　給食当番について

　給食当番は1か月交替で行っています。同じ子が1か月やります。これも1か月が良いと思っているわけではありません。しかし，自分でいろいろと試す中で1か月が僕の学級運営には合っているなと感じています。

　あなたは，どれくらいで給食当番を交替しますか。きっと1週間交替が多いように思います。それはなぜでしょうか。自分の子ども時代もそうだったからと疑うこともないままにしていたという方も多いかもしれません。

　僕が1か月にしている理由は，1週間だと仕事が定着した頃に交替になってしまうからです。何か問題が起きて話し合って改善しても，それを十分に試すこともなく交替になってしまいます。1か月あれば，給食当番でもトライアル＆エラーを繰り返せます。

　僕のクラスでは，当番で白衣に着替えた人から廊下に並び，前に並んだ人から「牛乳，食器，パン（ごはん），小おかず，大おかず」というふうに役割が決まります。全体に号令をかけるのは先頭の子どもが行います。こう決めてしばらくすると，仕事が楽な小おかずを狙って着替えるのを遅くする子が出てきます。それを教師自身が問題に感じたら，教師から「当番の中に小おかずを狙

ってゆっくりと着替えている人がいるように思います。そうすると，当番の出発が遅くなるんだけどどうすればいいと思いますか？」と子どもたちに尋ねます。すると，ある年は「力のある人が食器を優先的にいく」となったときもあるし，「行きに小おかずにいった人は，帰りには食器の人と役割を交替する」となったこともあります。そうして，自分たちでどうしていくのかは考えていけばいいのです。

③ 掃除は振り返りを必ず行う

掃除当番は１学期間同じ場所です。簡単な掃除の方法を掲示して伝えますが，自分たちの掃除を振り返り，改善できる話し合いの機会を多くつくるようにします。

	そうじの順序
ろう下	①ほうきではく　②ぬれたぞうきんでていねいにふく ③最後に手洗い場をそうじする（たわしとほうき）
くつ箱	①ミニほうきではく　②ぬれたぞうきんでふく（上の棚も）
第一音楽室	①いすを寄せる　②ほうきではく　③いすをもどす ④ぬれたぞうきんでふく（ドアや窓のわくやレールなど）
トイレ	①ほうきではく　②ホースで水をまく（週に１回は洗剤） ③便器（柄付きたわし）や床（デッキブラシ）をこする ④水きりをする（何度も）
黒板・配膳台	①配膳台をふきんでふく　②黒板消しで上から下へ ③乾いたぞうきんでふく ④チョーク置き場をぬれたぞうきんでふく ⑤チョークをそろえる
教室ほうき	①並んではく　②ごみを集める
ぞうきん机	①ぬれたぞうきんでロッカーの中をふく　②机をふく
ぞうきん床	①机を運ぶ＆ぬれたぞうきんで端をふく ②２人一組で机の足をふく
窓・レール	①ぬれたぞうきんで廊下側の窓やすべての窓のレール，ドアのレールをふく

5秒以上，手を止めないこと。

　早く終わった人は他の人の手伝いをしましょう。掃除道具は写真（略）のようにしまいましょう。

　その後は，自分の机や手さげの中の整理，体操服の整理，ロッカーの整理を毎日しましょう！

2016年度　そうじについて掲示している内容

　振り返りは，4月初旬は毎日のように行いますが，4月下旬になれば週1，2回程度です。6月頃には月に1度あるか，ないかです。掃除が終わり，5時間目の最初には，振り返りの時間をとります。グループで行うこともありますし，学級全体で行うこともあります。以下は，学級全体で行うときの流れです。

①　掃除道具がきれいに片付いているか確認する。
②　5点満点で何点を付けるか，指で示す。
③　どうすれば，5点になるのか話し合う。
④　発表したことを画用紙にまとめ，掲示しておく（可視化する）。

　掃除道具を見れば，そのクラスの掃除での態度がなんとなく見えてきます。片付けは，次の掃除のスタートにつながりますから，雑巾やほうきが丁寧に片付けられていれば，次の日のスタートも気持ち良く始められます。最初の1か月は，どのように片付けるといいのか，掃除ロッカーなどに写真で掲示しています。そうすることで，確認したときに，○か×かが明確になります。×はやり直し，写真の通りにします。

　次の日の掃除時間には，④で作成した画用紙を再度確認してから，掃除を行います。何に気を付ければいいのかを可視化することで，何は良くて，何は駄目なのかを考えながら掃除できるようにしています。この振り返りの中で，教師は，掃除中のキラリと光る子どもの姿を振り返りの時間に紹介できるようにします。その子のがんばりをほめることで，掃除のモデルを共有できるようにします。

ただし，一番大切なことはシステムよりも教師の掃除への姿勢です。つい子どもをどう動かすのかを考えます。しかし，子どもには掃除をしましょうと言いながら，掃除時間に教師が職員室で休んだり，教室でノートの丸付けをしたりしていては，どんな指導をしても，どんなシステムをつくっても子どもには響きません。教師自らが，先頭に立ち，掃除する。「子どもがしなくても，教師一人ですべてきれいにするんだ！」それくらいの覚悟があれば，子どもも真剣に掃除します。

　掃除時間だけではありません。子どもが登校する前や放課後，ちょっとした時間に少しだけでも掃除をします。また，授業前，机が乱れていたら，揃えてから始めたり，教室が汚れているようであれば，みんなでゴミを拾ってから始めたりと，常に教師が意識していくことが大切だと思います。子どもに掃除の大事さを伝えるなら，教師自身が掃除を大事にしていることが何よりも大切です。

④　価値づけを教師がしっかりとする

　当番活動でいうと，教室には他に「一人一役」もあります。当番活動は「その活動がなければ，学級が困る」活動です。役割は決めますが，基本は誰でも気づいた人がやるべきだと感じています。責任をもつことは大事ですが，その人の仕事だからと任せっきりは駄目だと子どもたちに話します。気づいた人はどんどんやればいい。できていなかったら，一人一役の子に教師から声をかけるくらいでいいと考えています。

　僕は，子どもたちと「ちゃんと」を確認しながら，大切だと思うことはどんどん伝えるようにしています。子どもが現状気づくことができないことは，見えるような場面をつくるか，それができない場合は「こうじゃないかな？」と子どもに話すようにしています。

　僕の学校では，ある日，運動会準備のためにPTAの方が学校に来られていました。ですので，翌日，帰る際に子どもたちに「今日，帰るときには『ありがとうございます』って伝えるんだよ。PTAの方が動いてくださって，楽しみにしている運動会もできるんだからね」と話しました。子どもたちが現状で

気づかないことは，教師からためらうことなく伝えられればいいですね。

(3) 自分たちのやりやすいように常に改善していく

　２学期になれば，子どもたちの自由度を増やしていくようにしています。僕は，子どもたちに「いろんなルールを守れる心の強さはいいなあと思うんだけど，本当にすごいのはルールを自分たちでなくしたり，決め直したりできることだよ」と話しています。実際，僕のクラスでは給食時間が終わる10分前に無言タイムがあり，5分前には「ごちそうさま」をしています。

　しかし，僕はこんなルールをなくしたいなあと考えています。このルールが定着した頃，子どもに，「先生なら，こんなルールめっちゃ嫌だけどね。だって，友達とご飯食べに行って，食事が終わる前には無言にならないといけないって嫌じゃない？　でも，集団で生活しているからみんなが食べるのが遅くなって，給食を返しに行くときに掃除の邪魔になったり，給食調理員さんの迷惑になったりしてはいけない。自分たちでそういうコントロールができない人たちはルールで縛られるんだよね。思いやりがあれば自分の行動もコントロールできるだろうけどね。給食だから，本当に良いクラスっていうのは最初に決めたルールがなくなったり，新しくなっていったりするクラスだよね」と話しています。

　席替えも，掃除当番も，給食当番も子どもたちと話し合って変更していきます。ちなみに，掃除当番は掃除場所を全員一度には変えません。必ず，半数ずつ変えるようにしようと決めています。ここは，教師の提案で決めています。そうすれば，もともとその場所を担当していた人が掃除の方法を引き継げるからです。こうして，教師からの指導がなくてもいろんな活動が機能するように少しだけ工夫をします。

　提出物も同じように教師が直接指導しなくてもいいようにしています。朝来たら班のかごに出し，時間がきたら班のメンバーで確認し，ホワイトボードに書き込みます。出ていないものはその日のうちに提出するように言っていますので，音読の宿題のサインを忘れたら班のメンバーが休み時間に聞き，班のメ

ンバーにサインをもらったり，プリントを忘れたら休み時間にもう一枚したりして，ホワイトボードに全員が提出したことを書くようにしています。僕が宿題をチェックするのは昼休みなのでその時間までに，班の人と協力して出すことを４月最初のルールにしています。このルールもいつまでもこの形というわけではなく，子どもとの話し合いの中で形をどんどん変えていきます。

　もちろん子どもが考えることなので，改善ではなく，改悪になることもあります。そうしたとき，ついつい教師は話し合いの段階で介入してしまいますが，時間や教室の状況が許すのであれば，一度，失敗を経験し，問題が起こればいいのです。そうしないと切実感も出ませんし，当事者意識も生まれません。決まりきったシステムを崩していく。これを２学期以降は子どもたちと丁寧に行っていきます。

3 教室をアクティブに動かすコツ

　すべての実践を「子どもが伸びるために行う」という思いをもち続けられるか。それが一番大事なことです。クラスの雰囲気や状態によって何が良いのか，どんなシステムが機能するのかは変わってきます。だから，いつも子どもの状態を見続ける，改善していくことです。気を付けないと，教師が楽をするため，教師が安心するため，教師が満足するためのシステムになってしまうからです。

　教室をアクティブに動かすコツは「トライアル＆エラーの回数を保障すること」です。「自分たちで実際やってみてもうまくいかなかった。どうしたらいいんだろう？」という困り感や「なんとかしたい！」という切実感があったときに人は真剣に動き始めます。そのときの教師の役割は，最低限の支援をしながら，長い目で見たときに自分たちで動いたことが子どもたちにとって「快楽」として感じられるようにすることです。少なくともこの経験が「痛み」にならないようにすることです。

　教師が「こうしたことで困るだろうな」と先に対策を立てて，子どもがつまずかないようにすることは親切なようで不親切になることが多々あると僕は考

えています。こうしたことを繰り返していると子どもたちは自分たちでもっと良くしていこうという気持ちが起こらないばかりか，課題にぶつかったときにその対処の仕方がわからず，不満ばかり抱えてしまうのかもしれません。また，教師が介入すればするほど，コントロールしたいという教師の想いが強くなり，それによって子どもの素直な気持ちが出にくくなっていきます。

　子どもたちが生きていく未来は，誰にも予想できません。どんな環境で生きていくのか誰にもわかりません。子どもたちが将来，どうすれば倖せに生きていけるのか，そのためには学校という場所でどんなことをしていくといいのか。そのことを教師自身が考え続ける姿勢こそが子どもに伝わっていくのです。

（金　大　竜）

2 いつどんなシステムを仕組んでいくのか，シナリオを書くことから始めよう

小学校

1 こんな子どもたちに！

私は，次のことを子どもたちに望みます。

> もっている力を正しい方向に発揮することで自分を磨く。
> その結果，一生に一度の子ども時代が子どもらしくキラキラ輝く。

そのために，学級づくりにおいてポイントにしていることは次の4点です。

(1) 安心安全であること

「傷付けられるかもしれない」。

このような不安を抱えていては，もっている力を正しい方向に発揮することはできません。だから，クラスは安心安全でなければなりません。

まずは，教師が決めたルールで秩序を保つことが大切です。

いじめや差別，冷やかしやからかいは許さないという姿勢を見せ，安心して自分の力を発揮できるようにします。

その上で，クラス会議などを通して生活上の問題に目を向けて，ルールを自分たちで決めるようにします。

(2) 「どうせ自分なんて……」などと思わせないこと

子どもにとって「わからない」「できない」ということはものすごいストレスになります。まずは「わかる授業」「できるようになる授業」をすることを心がけます。そして，確実に力が付き，成長を実感できる100マス計算や10マス計算などを授業の冒頭に，繰り返して行います。

教師がたくさんほめます。そして，子ども同士でもほめ合うことを日常的に繰り返します。

(3) 物事のよいところを見ることができるように

私は，子どもたちに物事のよいところを見ることができる人になってもらいたいと強く願っています。どのような環境にあっても，ものの見方を身に付けていれば，その人は幸せです。それは，一生を支える力になると信じています。

そのために年間を通して続けていることがあります。それは，子どもたちにとって意識しなければ「あれども見えず」の状態のものを教師が問い，子どもたちに考えさせることです。

(4) 全力を出す気持ち良さを体験させる

「全力を出したら，気持ちがいい」「全力を出したら楽しい」ということを体験させます。

その際，楽しい雰囲気の中でやることが大事です。ゲームなどの中で全力を体験させます。

最初は，できていない子を引き上げようとするのではなく，できている子をほめるようにします。すると，周りの子たちができている子を模倣するようになり，全体のレベルが上がっていきます。クラスの大多数が全力を出していれば，全力を出していなかった子も全力を出さざるを得ない状況になります。

(1)～(4)は，一度や二度指導しただけでは実現できるはずはありません。毎日の生活の中で繰り返す必要があります。そのために，年間を通してこれらを実現するためのシステムを組んでいきます。そして，システムをどのように組んでどのような一年間にしたいのかシナリオを書きます。もちろん，年間を通してずっとシナリオ通りにはいきません。途中で何度も修正をします。

システムとシナリオ

　4月の初めに、これから一年間をどのような一年間にするのかを思い描いて、シナリオを書きます。いつどのようなシステムを導入していくのかを書くことで、いきあたりばったりではなく、教師が見通しをもって仕組んでいくことができます。

　私の場合はだいたい2か月ごとに期間を区切って、どのようなシステムでどのように学級づくりをしていくのかを文章化していきます。

　以下、もともとは自分のために書いたものではありますが、ある年のシステムとシナリオを紹介します。

(1)　平成○年度　A小学校4年2組のシナリオ（4, 5月）

	4月	5月
システム	クラス目標→ミッション 磨くノート ユニット授業 一人一役当番活動 班活動 ユニット授業 音読 週に2度のクラス遊び	運動会に向けての紅白対抗 運動会の応援練習 席替えのたびにハッピーレター 音読（表現をつけていく） お楽しみ会開始 （最初は得意技発表会）
シナリオ	学級開きで子どもの心をつかむ。楽しい授業、わかりやすい授業を心がける。「何のために学校に来るのか？」「どんな集団にしたいのか？」それを明確にして、意識していく。ミッションは最初は1つで徐々に増やしていく。新しく始めることばかりなので丁寧に、多少進度が遅れても気にしない。あとでいくらでも取り返せる。楽しいゲームをたくさんやる。清掃、給食の指導は徹底する。教師がやっていることを見せる。	

まずは，返事。あいさつ。楽しい雰囲気の中で鍛え育てていく。

　表現の第一歩として音読を大切にする。ある程度声が出てきたら，目力，身振り，強調などで表現する楽しさを体験させたい。運動会の応援練習が最適である。合法的に大騒ぎができる。もっている力を全力で正しい方向に発揮できるようにする。

　学級通信を毎日出し，保護者との関係をつくる。

　連休以降は運動会モード。座席も紅白対抗にする。

　子どもたちは学級解体がない。当番などのシステムはある程度引き継いでいく。

　得意技発表会でそれまで知らなかった友達のよさに気づくようにする。

　私が3月まで担任していたのは，6年生。最高学年で自分の中では最高に鍛えた子どもたちである。落差にびっくりしないようにする。おそらく全然できないであろう。できていないことを楽しめる余裕をもつ。同時に，比べてどうだという話を子どもたちには絶対にしないようにする。

(2)　平成○年度　A小学校4年2組のシナリオ（6，7月）

	6月	7月
システム	システムの確認 会社活動開始 クラス会議（スキル指導） 班長会議 班のグランドルール 掃除見学ツアー Q-U	お楽しみ会 先生と子どもの個人面談 クラス会議（教師が司会）
シナリオ	運動会後に，2回目の学級開きのつもりでもう一度システムを確認する。 　生活班では，ここから班のグランドルールを決める。席替えのたびにハッピーレターを書いて，おたがいのよいところを書いて交換するようにする。	

走れメロス,漫才などの教材を使って,表現する楽しさを体験させる。過去の子たちの映像を見せるのもよい。

会社活動を始める。それぞれの得意分野でみんなのためになるという意識をもつ。

クラス会議を始める。最初は,スキル指導。7月から議題を話し合うようにする。ただし,最初は教師が進め,少しずつ子どもたちに任せるようにする。

掃除をしている様子をお互いに見合うことで,よい刺激を受けるようにする。

計算ドリルの3回繰り返し練習。子どもたちはこれまでやってきていないことなので,声かけを忘れずにする。自主的にやっている子をほめる。学級通信で保護者にも知らせる。

第1回目のQ-Uをとって,現状を把握する。

学期末には,保護者だけでなく,子どもたちとも個人面談をするようにする。

(3) 平成○年度　A小学校4年2組のシナリオ（9,10月）

	9月	10月
システム	システムの確認 宿泊学習の実行委員	クラス会議（子どもが司会） 後期の会社活動開始 校内音楽会に向けての楽器個人練習
シナリオ	宿泊学習に向けての取り組みが中心になる。学年で,共通のめあてをもって,どんな力を付けるのかを確認する。一生に一度の4年生での宿泊学習でよい思い出がつくれるようにする。まだ4年生。多くを求めすぎず,足りないところは教師がどんどん介入し,「楽しかった」「うまくいった」という体験をさせたい。実行委員の子たち。それほど大したことはできないであろう。それでもやったことを大げさにほめたい。 同時に校内音楽会に向けて,楽器の個人練習をする。苦手な子を中心に	

	見る。得意な子が教えてあげるようにして友達関係をつくっていくようにする。 　会社活動では，積極的に活動している会社に注目し，活動の様子を紹介し，全体に広めるようにする。 　理科の授業研究に向けて，本格的に理科の学習に入る。まずは，ノート指導を徹底する。 　クラス会議では，司会を子どもたちでできるようにする。

(4) 平成○年度　A小学校4年2組のシナリオ（11，12月）

	11月	12月
システム	お楽しみ会（子どもと教師の割合7：3） クラス会議（子ども中心） Q－U	これまで作ってきたシステムの継続
シナリオ	校内音楽会では，学年で1つのことに取り組むよさを体験させる。 　クラス会議では，すべてを子どもたちに任せる。教師は必要なときに介入するようにする。出し合い→比べ合い→決定のステップで問題解決ができるようにする。 　子どもたちが主体になってお楽しみ会ができるようにする。うまくできなくて当たり前。やろうとする意欲をほめたい。 　授業研究では，協同学習的なアプローチと，活用をテーマにする。 　学年で動くことが多い。担任同士の共通理解が必要である。 　第2回目のQ－Uをとって現状を把握する。	

(5) 平成○年度　A小学校4年2組のシナリオ（1，2，3月）

	1月	2月	3月
システム	自主学習ノート開始 百人一首 お楽しみ会（子ども：教師＝9：1）	小さな福の神 音読の発表	お楽しみ会 （子どもメイン）
シナリオ	自治的集団の完成期である。授業参観では，自分たちでできるようになった姿を見てもらいたい。クラス会議を保護者に見せたい。クラス会議では，自分たちの負の問題にも目を向けるようにしたい。それを話し合える集団，解決できる集団でありたい。 　大きな行事はない。クラスの中でのイベントを積極的に行っていく。1月は，百人一首を毎朝やる。これまでの音読の集大成として，音読発表会を実施する。 　自主学習ノートを始める。何をどのようにやるのか丁寧に指導し，最初は週に1回から始め，徐々に増やしていく。 　子どもたちの来年度のことを考え，2月，3月と独自の実践は減らしていく。「鍛え，育てる」ことは大切だが，今の子どもたちとの時間を大切に楽しむようにする。この時期に毎年「まだこれしかできない」とイライラしがちになるので。 　最後に，国語「雀のかあさん」の授業をする。これまで高学年でやってきたこの授業を成り立たせるために何が必要かを考え，4月から鍛えていく。 　「いいクラスだった」「楽しい1年間だった」で終わらせたいが，子どもたちにはまだ次がある。「次は自分たちの力でもっといいクラスにするぞ」という意欲を育てたい。決して自己満足にならないように。そのためには，個を育てる以外にない。前回，前々回の6年生担任のときとはそこが違う。できないことが多くあって当たり前。あまり多くを求めすぎないようにする。 　寒い時期である。温かく温かく温かく。		

3 システムの詳細

　システムの詳細を紹介します。
　なお，紙幅の都合上，システムの中で特に重要なもののみ取り上げることにします。他は，参考文献を紹介します。

(1) クラス目標→ミッション

　これから一年間，クラスをどんなものにしたいのか。教師の願いを伝えた上で，子どもたちに考えさせます。子どもたちは「○○なクラス」という形式で短冊に書きます。そして，それを黒板に貼っていきます。同じものや似たものは近くに貼るようにします。似たような言葉は，どちらかの言葉を採用するか，どちらの意見も反映しているような新しい言葉をつくります。例えば，「男女仲良し」と「みんな仲良し」という言葉があったら，「『みんな』の中に『男女』も含まれているから，『みんな仲良し』のほうにしよう。あなたの願いはこの言葉の中に込められたよ」というようにします。このようにして，どんどんみんなの言葉を集約していきます。完成した学級目標は，「日本一仲間を大切にする学級」や「伝説に残るくらいやる気のある学級」「話し合いを大切にする学級」などとなります。できた学級目標は教室前面に掲示し，いつでも意識できるようにします。何かがあったときに，この学級目標に立ち返ります。「今の発言は，学級目標の『日本一仲間を大切にする』につながっていますか」などと話します。
　みんなの言葉をまとめてつくった学級目標は，抽象度が高いです。だから，日々の活動の中でより具体的な目標を立てて，それを共有することが必要となります。日々の生活の中で具体的に行動化できるようにミッションというシステムをつくります。
　例えば，「1日に3回，人に親切にしよう」「20人以上に笑顔であいさつをしよう」などです。数字を入れると，達成したかどうかがわかりやすいです。こ

れらを短冊に書いて掲示します。

　朝の会でミッションを知らせ，帰りの会でミッションができたかどうかを挙手で確認します。全員が達成できたら，短冊にシールを2枚貼ります。90％の子ができていたら，シールを1枚貼ります。

　シールが10枚たまったら，そのミッションはクリアとなります。クリアしたミッションを書いた短冊は，「できるようになった」コーナーに移動して掲示します。「こんなことができるようになったね」とクラスの成長を可視化することができます。

　ミッションを10こクリアしたらお楽しみ会をすることにしています。みんなでがんばって達成したミッションのおかげでお楽しみ会ができるようになるので，がんばってミッションに取り組みます。そして，いざお楽しみ会を開くことになったときに，みんなでがんばったおかげでできるようになったお楽しみ会なのだから，みんなで楽しもうという意識にもなります。

(2) **磨くノート**

　菊池省三先生の「成長ノート」に影響を受けて作りました。
　自分の心を磨くためのノートなので「磨くノート」と呼びます。
　教師が与えたテーマに対して子どもが自分の考えを書くものです。
　テーマは，「隣の友達のよいところ」「運動会練習で付ける3つの力」「今日一日を振り返ってうれしかったこと」「見習いたい友達の行動」などです。書かざるを得ない状況になることで，普段意識していないことも意識することができます。子どもたちが普通に生活していたらつい見逃しがちなことをテーマとして与えます。また，「実は私〇〇なんです。」「先生に質問！」など教師と子どもの距離を縮めるようなテーマを初期には与えるようにします。

　テーマは，朝ホワイトボードに書いておきます。一日の生活の中で，子どもたちがテーマを意識できるようにするためです。そして，朝の会の「先生の話」の中で紹介するようにします。それを書くとどんなよいことがあるのかを説明します。

ノートを書くのは，基本的には帰りの会です。その他に，休み時間や課題が早く終わったときにも書いていてもよいとしておきます。

(3)　班活動

　学習や生活の基本単位を班とします。

　授業中の活動，掃除や給食など班で行動をします。

　最初にそれぞれの班が「班のグランドルール」を決めます。

　「こんな班にしよう」「そのために，こんな行動を増やそう」「そのために，こんな行動を減らそう」ということを話し合ってポスターに書きます。これは，横浜市の山田将由先生に教わりました。

　だいたい２か月ごとに席替えをし，班が替わります。その際，お互いのよいところを書いた手紙「ハッピーレター」を班の人全員に書いて渡します。もらった手紙は「ハッピーレターコレクション」として，ファイリングして残しておきます。

(4)　一人一役当番活動と会社活動

　クラスでの仕事を２種類に分けます。

　一つは，当番活動です。配り，黒板，整理，美化などの仕事をします。一人一役で毎日仕事をします。決まった仕事でそれほど創意工夫の必要はありません。これがないと，クラスの生活や学習が成り立たないというものです。車に例えると，エンジンやタイヤ，ハンドルとなります。

　もう一つは，会社活動です。新聞，お祝い，なぞなぞ，レクなどです。全員一つの会社に所属するようにします。決まった仕事ではなく，自分たちで創意工夫して仕事をつくっていきます。これがなくても，クラスの生活や学習は成り立ちますが，あればより豊かになるものです。車に例えると，カーナビやステレオ，エアコンとなります。

　当番活動は４月から始めます。仕事をやったかどうか教師が確認するために，班長が班の友達全員が当番の仕事をやったかどうかを帰りの会までに教師に報

告させるようにしています。

　会社活動は，5月の運動会が終わってから始めます。運動会が終わるまでは，運動会に向けた取り組みのために，集中して会社活動に取り組めないからです。活動の時間を確保することが大切です。好きなときに集まってやるだけだと，やらない会社はやらないとなってしまいます。私の場合は月曜日の朝自習の時間を会社活動の時間と決めていました。そして，積極的に活動している会社の活動をみんなに知らせ，意欲づけをすることがポイントです。

　紙幅の都合上，ここで挙げたシステムのすべてを紹介することができません。参考図書を紹介するので，こちらを読んでいただければと思います。
・音読指導……『音読指導入門　アクティブな活動づくりアイデア』山田将由先生（明治図書）
・音読のおもしろ教材……『日本一元気が出ちゃうLIVE　最強の4人に学ぶ　愉快・痛快・おもしろい！子どもと先生が心底笑えるクラスづくり』金大竜先生，中村健一先生，土作彰先生，俵原正仁先生（明治図書）
・会社活動……『"荒れ"への「予防」と「治療」のコツ　学級づくりの基礎・基本』赤坂真二先生（日本標準）
・成長ノート……『人間を育てる菊池道場流作文の指導』菊池省三先生，田中聖吾先生，中雄紀之先生（中村堂）
・クラス会議……『赤坂版「クラス会議」完全マニュアル　人とつながって生きる子どもを育てる』赤坂真二先生（ほんの森出版）
・自主学習ノート……『子どもの力を引き出す自主学習ノートの作り方』伊垣尚人先生（ナツメ社）

4　システムが機能するコツ

「何のためにそのシステムがあるのか」
「それをすることでどんな力が付くのか」

活動を始める前に，子どもたちにわかるように事前指導をきちんとすることです。

　そして，活動自体が魅力的であることです。楽しい活動，やりがいがある活動だから，子どもは動くのです。

　さらに，やらせっぱなしではなく，きちんと評価をすることです。

　つまり，「事前指導→活動→評価」を意識することです。

　そして，活動中はついついやらない子にばかり目がいってしまいますが，がんばっている子にスポットライトを当てることです。がんばっている子に注目し，それを全体に広めるようにします。

（飯村　友和）

3  子どもたち全員が楽しく活躍できるクラス経営術

 ## 1 目指すクラスとその実現のためのシステム

　4月。どんな子どもたちが学級にいるのか。子どもたちの人間関係はどうなっているのか。前担任からの引き継ぎや子どもたちとの出会いを大切にして，今年一年，その学級をどのように経営していくのか。

　まずは，教師と子どもたちとの関係を築くために，日々の面白い授業を仕掛け，子どもたちに声をかけ，反応を観ていきます。子どもたちが考えることは，「今年の先生は，どんな先生なのだろうか」「よく怒るのかな」「宿題は多いのかな」「優しいのかな」「授業は楽しいのかな」など，それぞれに興味や関心事は違います。また前年度の学級のルールやシステムを記憶したまま進級してきた子どもたちにとって，今年度の学級ルールやシステムがどうなっていくのかは大事なことです。ブルドーザーで地ならしをするかのごとく，無理矢理に一新することは決してしません。ただし，活動が停滞していたり，ルールやシステムが破綻してしまっていたりすることもあるので，そのときは慌てず，子どもたちから前年度のことを聞き，吟味していく必要があります。「（前年度していたことが）本学級にとって，本当に大切で，必要なことなのか」について子どもたちと真剣に話し合います。その際，私が目指すクラスのベースとなることを以下に記しておきます。

(1)　**静から動へ**

　子どもたちはいきなり指示されてすぐには動きません。まずは，教師が気づき，指摘したり，実践してみたりします。なぜなら，山本五十六氏が言った「やってみせ……」のように，子どもたち自らは気づきません。気づかせ，見

せた上で，次に子どもたちが動けるようにしていきます。「やってみよう」という気持ちになるように働きかけていきます。

　自ら動いて，自ら考えて，さらに話し合って，また動いて，考えて……その繰り返しと積み重ねによって，「動く」学級になっていきます。自主的に子どもたちが考えて動ける学級を目指すのであれば，最終的には，学級担任が指示，説明しなくとも，自分たちで活動していける学級が理想です。例えば，自教室から特別教室や他の場所へ移動する場合，学級担任がいなくとも整列した状態で出発し，目的地へたどり着ける。「おまえ，並べよ」「はよ，並んで～」と言う声がなくとも，子どもたち同士が優しく声をかけ合ったり，自分自身が気づき，並ぼうとする姿。どういう姿に子どもたちが成長していくのかを教師自身が明確にイメージしておくことが大切です。

(2) 継続性

　1回できたことが次にはできなくなる。子どもたちが育っていく中では日常茶飯事のことです。焦らず，待つ。繰り返しやる。子どもたちにとって，気持ちの良いことになれば，きっと継続性が出てきます。石田淳氏は，『「続ける」技術』（フォレスト出版）の中で，以下のように述べています。

> 　何かを続けることができない理由は，じつは二つしかありません。
> 続かない理由①　やり方がわからない。
> 続かない理由②　やり方はわかっているが，「継続の仕方」がわからない。

　つまり，子どもたちにとって，システム化されたこと，さらに言えば，そのシステムは重要なのかどうか，ということが継続してやり続けるための課題と言えるでしょう。

(3) システムのわかりやすさと必要性

　誰のために，何をすべきか。個人がいいのか，2人がいいのか。人数を増やして，4人にするのか，列（縦，横）で動くのか。チームとして学級全体でシ

ステム化するのか。学級の誰もが理解し，納得するシステムをつくり出していきます。またそれが，みんなにとって重要かつ必要なことなのかを考えていきます。リーダーや責任者を決定して活動するもよし，みんなフラットな関係で活動を進めるのもよいでしょう。

2 私の学級システム

(1) それでいいのか 係活動

「○年○組に必要な係活動は何でしょうか」と子どもたちに問いかけます。子どもたちとともに考え，意見を出し合って，話し合います。

まずは1学期，子どもたちがそれまで経験してきた係活動にどんなものがあるのか，そして，どんな内容だったのかについて，意見を出し合います。次に，その係活動は本当に○年○組に必要なものなのかを話し合います。私がこれまでに聞いてきた子どもの声として，「全然活動していなかった」「何をしたらいいのかわからんかった」「一部の子しかしていなかった」などがありました。

私自身，「これではイカン！」という強い気持ちと「ないならば，なくてもいいんじゃないか」という疑問をもつようになりました。この考えを子どもたちに投げかけたところ，「楽しんでできる係活動」をつくっていこうという意見にまとまりました。

さらに，写真のように，学級の子どもたちに聞き取りを行い，本当に必要とされる係活動とは何なのかを真剣に考えるようになっていきました。

(2) **仕事は，自分で見つけましょ　一人○役制度**

　一人○役制度を取り入れ，子どもたちが気づけば，どんどん増やしていくことができるようにします。【学級にとって必要であり，人のためになり，自分が続けられる仕事】というテーマで，一人一人が仕事を探し，自分の役割を決めていきます。例えば，ＡさんとＢさんが同じ仕事を選択する場合もあります。そのときは要相談で，解決していきます。分担できるならば，それでもよし。相手に譲ることもよし。下の写真は，今年度の中條学級の子どもたちが書いたものです。２学期，３学期と内容が変わる子もいれば，変わらない子もいます。それでいいのです。この学級で必要とされていること，みんなのために何かできていること，それが子どもの居場所につながり，安心感が出てくるのです。

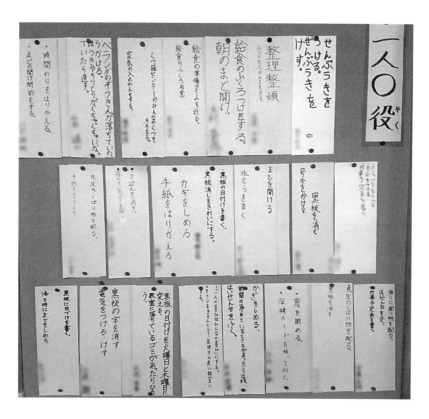

(3) 気持ちの見える化　サンキューカード

　Ａ４サイズの上質紙を４つに分けて切り，一人一人に２枚ずつ配ります。中條学級では，約１か月に１度行います。その都度，「２人に書いてね」「女の子，男の子に書いてね」「お世話になっている人に書いてね」「素晴らしい！活動をしていた子を見つけて書いてね」などと指示して，サンキューカードを子どもたち同士で書き合います。書いた相手に直接，渡しに行きます。内容については，学級のために何かをしてくれていたこと，人のために活動していたことなどを取り上げて，感謝の言葉を用紙に書いてプレゼントします。

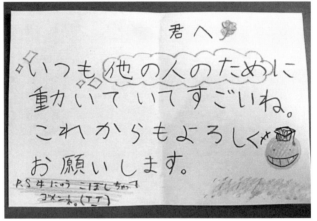

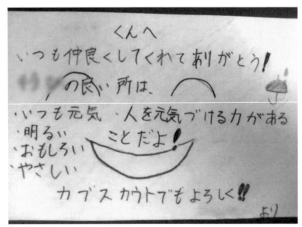

⑷ 掃除力 UP　掃除職人を目指せ！

　教室にある掃除道具には，どんなものがありますか。学校によっても，学級によっても，様々でしょう。私の学級では，自在ぼうき，ちりとり，小ぼうき，雑巾があります。そもそも，子どもたちにとって，掃除をする意味や意義は，明確にされているのでしょうか。私は徹底的に【見える化】を行います。百円均一のお店で，小道具を買ってきます。以下に，使用方法とチーム力 UP のコツを記します。日常の中にある非日常の場所を掃除することを経験するのもよいでしょう。

例１：キッチンクリーナー

　百円均一のお店で購入します。オレンジのパワーと香りの物がオススメです。子どもたちに一枚ずつ配布し，机上を拭きます。隣席の児童と見せ合い，拭き合いをします。もう一枚配布し，教室内で気になるところを拭きにかかります。汚れの見える化を徹底的に実行し，子どもたち同士で雰囲気をつくり出せるようにして，掃除への興味を引き出します。

例２：メラミンスポンジ

　百円均一のお店で購入します。右の写真は給食時に使用する配膳台をスポンジで拭いています。給食に出されたゼリーやプリンのカップを洗って置いておいたものに，水を入れて使用しています。

　劇的に汚れが落ちるため，徹底的に拭いてピカピカにします。その姿を周りの子どもたちは見ています。「うわぁ，ピカピカやなぁ」と言って子どもたちは教室に入ってきます。拭いていた子にとっては，最高のほめ言葉をもらえるのです。

例３：特命掃除隊

　学級担任の引率責任のもと，普段している掃除場所をあちらへこちらへと変

えていきます。勝手に校外へ出て行くことは難しいですが、汚れが目立つ場所や配当されていない場所などにこの特命掃除隊を向かわせます。子どもたちにとっては、秘密の掃除のようで、ワクワクしながら使命感が出てきます。掃除力が上がるとともに、協力しようとするチーム力もUPしていきます。

(5) クラスを育てるためのお話

　多賀一郎氏が編者である『クラスを育てるいいお話』（明治図書）には、全国の先生方が学級を育てるために学級で話されている珠玉の言葉が書かれています。この本の中で、多賀氏は「学級には言葉が必要。子どもたちの指針となる言葉が。」と書かれています。機会をいただいたので書かせてもらいましたが、そのとき、学級担任が子どもたちに語りかける言葉の大切さを改めて感じました。私は、【群れる友だちより群れない友だち】と【おかげさまで—プラス1の感謝—】というテーマで書いています。お手に取っていただき、一読いただければ幸いです。

　授業中のみならず、休み時間、給食、掃除、朝の会、帰りの会……教師はありとあらゆる時間に子どもたちの前に立ち、時には後ろに立ち、横に立ち、言葉を投げかけ、話をしています。すべてが子どもたちの耳に入り、眼で見て、脳で考えます。朝から夕方まで、その学級担任の言葉や話のシャワーを浴び続けるわけです。何が言いたいのかと申しますと、子どもたちの前に立つ学級担任は、責任重大であり、言葉や話の一つ一つをよく考えて発する責任があるということなのです。ニュースで知り得た話、主観が偏った見方をした話、公正公平な視点で物事を判断しなければいけない立場を忘れ、自分の狭い了見で考えたどうでもよい話を子どもたちの前では極力避けるべきなのでしょう。

(6) 学級キーワード〜わたしたちだけが知っている〜

　簡単に言えば，「合い言葉を作りましょう！」ということなのです。学級の子どもたちにわかる言葉を集め，難解な言葉の場合，意味を説明し，「あーなるほどね」とクラス全員が理解できるようにします。

　下の写真は，今年度の中條学級のキーワードです。学級目標やみんなのめあてではなく，子どもたちにとっての日常化であり，意識化することを意図しているので，画用紙で作った札に筆で書き，見える化をしています。そしてこの先，学級の必要に応じてこの札は増やしていきます。うまく学級経営に活かすには，ズバリ短くわかりやすい文言が最適です。

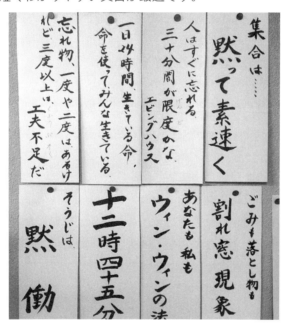

(7) コミュニケーション力を UP *

　子ども同士をつないでいくきっかけを学級担任でつくっていきます。機会を与えてもらわずとも，どんどん話をし，行動・活動していける子どもたちには特に必要ないかもしれません。しかし，昨今の子どもたちの様子を見ていて，

第2章　教室がアクティブになる学級システム　55

少人数で固定化された人間関係，群れてじゃれた人間関係，それ以上の関係を広げていこうとしない，いわば，人に対する無関心さが目立ってきたように思います。だからこそ，コミュニケーション力をUPさせなければいけません。せめて，隣の席の子や近くに座っている子と交流することから始めることが肝要でしょう。

1) 自分が好きなことを順番に話していくゲーム
　①円になる。
　②自分が好きなことを話す。
　③隣の人は前に言ったことより好きなことを話す。
　　「さっきの○○するより，○○したほうが好きです」
　④１周まわるまで，続ける。

2) 噂を書き合い，誰が書いたのかを当てるゲーム
　①紙とペンを人数分だけ配布し，ターゲットの人を１人決める。
　②配られた紙にターゲットの噂を１つ書き，袋に集める。
　③ターゲットは，誰がその噂を書いたのか１回だけ当てられる。
　④外れたら，次の人へバトンタッチする。
　⑤ターゲットが答えられたら，終了する。

3) ノンバーバルコミュニケーション
　表情のみ，声のみで，それぞれコミュニケーションをどのようにとることができるのかを活動の中でとらえさせていきます。付随しているフィーリングシートを用いながら，活動の最後には全体でシェアリングして終了します。

4) 噂への対処
　噂に関わって，良い例，悪い例を用いて，子どもたちが体感していく活動です。教室にも，ましてや社会に出れば噂は，必ずあります。大なり小なり，噂が広まったり，大きくなった場合に，人間関係をうまく崩さずに，前を向いて歩いていけるか，という学びの時間です。

5) ストレスコントロール
　教室の内外に限らず，身の回りの至るところで，ストレスはあるということ

を子どもたちと話して確認した上で，活動を進めていきます。このワークでは，あえてストレスを感じさせるシチュエーションに子どもたちの身を置かせ，そこからスタートします。ストレスを感じた後に，どのように対処していくとよいのか。自分自身や近くの友達，学級の仲間たちと情報をシェアリングしていくとよいでしょう。

(8) とにかく任せる

　子どもたちへのキーポイントとなる言葉は，「任せる」です。「そうしたら，このことについては任せるわな」と子どもたちに投げかけます。この言葉は，教師と子どもとの間に存在してきた信頼度の高い低いによって成り立ちます。たまに，教師が子どもたちに「任せた」と言っておきながら，子どもたちの出来の悪さにいら立ち，叱り飛ばす方がおられますが，信頼関係を崩しかねません。最後まで，ねばり強く，辛抱しながら待つ余裕と姿勢をもっておきたいですね。

教　師：「信頼しているよ。これ，任せたよ」
　　↓
子ども：「信頼されている。がんばらなくっちゃ」
　　↓
教　師：「こんなにがんばったのかぁ。ありがとう！」
　　↓
子ども：「よし！　次もがんばろう」

という教師と子どもとの信頼信任サイクルが生まれてきます。この関係を子どもたち同士へも活用していくとつながりがますます強くなり，チーム力 UP になっていきます。

　出口治明氏の『部下を持ったら必ず読む「任せ方」の教科書』（角川書店）の，【「任せる」仕組みをつくること】に出てくるモンゴル軍の図が非常にわかりやすいです。1人で10,000人の隊長をするのではなく，1人の隊長に10人の部下がいて，そこにさらに10人ずつの部下がいるという構図です。さらに下に

……というように10人ずつまとめる隊長が集まっていくと，10,000人の隊長が1人出来上がります。学級でも同じことが言えるかもしれません。リーダーシップとメンバーシップを学級内で発揮することで，システムがうまく動いていくことがあります。場面や役割が変わるごとに子どもたちには積極的にかかわるように促し，機会をたくさん得られて，経験できるような仕掛けをしています。

3 教室をアクティブに動かすコツ

　教室をアクティブに動かすコツを以下に4点挙げます。

(1) 子どもたちへの声かけ

　子どもたちの動きを観ていて思うことは，いつもいつも動けているわけではないということです。子どもたちも人間です。疲れているときもあるだろうし，元気いっぱいのときもあります。「～しなければならない」と強要しすぎないように気を付けましょう。何気ないときの声かけは，子どもたちにとって意味があったり，うれしかったりするようです。声をかけにくい場合は，「おー！すごいなぁ！」「やってるねぇ！」「(無言でうなずく)」「すばらしい！」など短い言葉やジェスチャーで，子どもたちに思いを伝えるとよいでしょう。

(2) 一人一人に依怙贔屓（えこひいき）

　子どもたちがいてこその学級経営です。性格，考え方はもちろん，好み，タイプなど違いますから，一人一人に寄り添っていくことです。Aさんだけに話しかけることなく，Bさんにはコレ，Cさんにはアレというように，話す内容や行動，距離感などを考えて接していくとよいでしょう。

(3) 教師が上機嫌

　子どもの前では，いつもニコニコ，時には馬鹿笑いすることです。子どもた

ちは,「どうした,どうした？」「先生笑ってる,何が楽しいんだろう」と思うことでしょう。近くに集まってくることもあるでしょうし,遠くで見ていることもあるでしょう。いわば,教師が全体の雰囲気づくりをしているのです。

(4) 活動後の達成感と高揚感を実感

活動前のめあての確認,活動後の振り返りをすることで,今の心境,達成感,高揚感をフィードバックできます。「できたよなぁ！」「あぁ,そこができなかったかぁ」「次は,やれるかな」と,教師は子どもたちの応援者であり,励まし続ける支援者であることを肝に銘じておくことです。

子どもたち全員が楽しく活躍できる学級が全国に一つでも増えますように。

【参考文献】
*1)～3) ブライアン・コール・ミラー著,富樫奈美子訳『15分でチームワークを高めるゲーム39』ディスカヴァー・トゥエンティワン,2015
4)5) 岡田倫代『ピア・サポート力がつくコミュニケーションワークブック』学事出版,2013,pp.90～95,96～102

（中條　佳記）

4 小学校
不親切教育システムのすすめ
～トライ＆エラーで「自分たちのクラス」をつくる～

1 目指すクラスとその実現のためのシステム

(1) まずは安全・安心のためにシステムの大枠だけをつくる

　目指すクラス像。これは毎年変わり，同じだったことは一度もありません。至極当然で，子どもが毎年変わるからです。目の前の子ども集団に合った目指す姿が設定されて然るべきというのが持論です（だから，やたら学年で一律に揃える掲示物や，一律の夏休みの宿題は全部要らないと思っています）。

　今年度に限っていえば，目指すのは「自由なクラス」です。それは，好き勝手やらせることではありません。自由なクラスとは，一人一人が各自の選択に対して責任がとれるクラスということです。他に決定を委ねたり責任を求めたりしないということです。私は今６年生の担任ですが，子どもたちに力があります。個性もかなり立っています。だからこそ，クラスとしての凝集性を求めるのは難しいと感じています（これは，現在の職員集団にもいえます）。それよりも，各々が好き勝手に動いているようで，大まかな方向だけが一致しているほうがより力を発揮できます。だから，細かいことは決めません。細かく言うのは，安全面と礼儀の面だけです。健全に生きていく上で最低限必要な，体と心の安全確保です。

　これぐらいの大きな枠だけでスタートするのが通例です。ざっくり言うと，最低限のルールと理想の学級像を定めて，後は試行錯誤しながら段々とつくり上げていくイメージです。当然，うまくいかないこともたくさん出てきますが，それも織り込み済みです。予想できる事態には切り返しを考えておきますが，それ以外の事態が出たらもっと面白い，という構えでいます。

上は,自分の学級システムのイメージです。システム運営上の指針となるのが学級目標で,常にここにかえります。最重要項目ですので,つくった学級目標は自分たちの手で掲示物にして,毎朝全員で読み上げます。

(2) 「不親切教育」を原則に進める

学級システムをつくる上での原則は「不親切教育」です。親切に完璧なシステムをつくって提供せず,自分たちの手でシステムをつくらせていきます。

システムがないと困るのは誰でしょう。子どもというかもしれませんが,実際は「教師が困るから」という理由でつくられているものが結構あります。だから,システムづくりをするときには「これは本当に要るのかな?」と常に疑問をもちながら採用していくようにしています。例えば,「朝の会,帰りの会は要るのか」「授業前の礼はすべきか」「テストを見てはいけないのはなぜか」等々,「常識」の範疇にありそうなこともゼロベースで疑ってかかります。

そして,先回りしないで,子どもが本当に困る事態に追い込んでから,「さあどうしよう」と考えさせる。安全・安心さえ確保されていれば,困ってもいいのです。あえて困難に直面させることが,課題解決の力を付けると考えています。これが私流の学級システムづくりの原則です。

第2章 教室がアクティブになる学級システム 61

2 私の学級システム

(1) 係活動は立ち上げて,廃止していくシステムに

① 係活動は「とりあえず」一人一役で

　係活動は最終的になくなるといいと思っているのですが,最初は必ずつくります。そうしないと,運営上不都合が生じるからです。朝教室に入って窓を開けて電気をつけてプリントを配って朝の歌のCDを用意して……。これを全部担任がやったら堪りません。だから,クラス立ち上げの時期には,とりあえずの一人一役を決めます。ゆくゆくは係をなくし「気づいた人や近くにいる人が進んでやる」というベストイメージの姿を目指します。

② 活動のチェックは両面マグネットで視覚化

　学年にもよりますが,「担任がいなくてもなんとかなる学級」をイメージしてつくります。そのために,「言われなくてもやれる」ことが大切です。だから,自分も仲間も活動が一目でチェックできるシステムにします。ホワイトボードを1枚用意し,そこに個人名が入った両面マグネットシートを貼ります。活動を一つでもしたらひっくり返します。両面色違いなので,活動が終わったということが一目でわかります。ただ,これも忘れることがあるので「声かけ係」をつくることもあります。ちなみにネーミングも大切で,「声かけ係」だとモチベーションが上がらなさそうなので「司令塔」という係名にしたこともあります。係活動は責任感と自己有用感を育てる場でもあるので,楽しく,かつきっちりやれるようにすることが大切です。

③ 係活動は随時ダイナミックに発展・展開していく

　一人一役の係活動における困難は「仕事量の多寡」です。配り係などは,かなり仕事があります。一方,体育係の仕事内容を体育の日のみの活動に設定すると,仕事がない日が出てしまいます。また,仕事のマンネリ化も起きます。この辺りを埋める手立てが必要です。

　そこで,「係」を「会社」のような活動に発展させます。「配り係」は「〇〇

郵便」になることで，活動が変化します。私の学級の子どもの場合ですが，右のような郵便ポストをつくって配達そのものを楽しんでいます（投入口が狭く，ノートだと2冊ずつしか入らないのが悩みの種です。それでこっそり下の取り出し口から入れていたのですが，子どもに発見されて怒られました）。
「掲示係」は「○○宣伝」というように広報的な役割を加えることで，活動に広がりが出ます。先の「体育係」は，「○○スポーツクラブ」などにすること

で，昼休みのクラスの仲間の体力アップなどを仕事に加えて活動に幅をもたせられます。

　こうしたことを続けていくうちに，単純作業から創造的な活動が増えていきます。やがて，仕事を楽しむようになってきて，単純作業は気づいた人がやるようになればベストです。それを一年間かけて随時移行していきます。

(2)　当番活動も，必要に応じて変化
　①　当番は前年度システムの大部分を引き継ぎ，随時変化
　掃除や給食のシステムは前年度のものをとりあえず引き継いで様子をみます。単学級の場合以外は，前年度のシステムがクラスごとに異なっていることが多いので，中間をとります。途中，問題が起きたら，随時変化させていきます。がちがちに自分のやり方でやらないことを心がけます。
　②　給食当番は基本的に輪番制
　給食当番に関しては仕事量や負担にも差が出るため，役割をローテーションする学級が多いと思います。そのままでもいいのですが，「ご飯盛り付け」「スープ」などの役割別プロフェッショナルを育てる場合や，希望制にする場合など，学級の実態に応じて決めます。とにかく「安全・正確・早い」がポイントです。「レストランでお客さんに商品としてお出ししても大丈夫な盛りつけ方にしよう」などと言って，丁寧さも引き出します。

③　掃除当番も最初は輪番制

　掃除当番も，最初のうちは輪番制でいきます。ほうきや雑巾などの分担をこちらで決めても構いません。とにかく「一通り体験する」ことが大切です。まず一通りやり方を覚えてから，またシステムを変えていきます。そのためには，最初の段階で教師も一緒にやりながら丁寧に教えることも大切です。

(3)　給食システムでは「感謝」をおさえることが肝
　①　給食は減らす選択もあり

　　　　　　　　　　　　　　システムの中でも気を遣う必要があるのが，給食に関わる部分です。食べることは大きな関心事であるため，トラブルにも発展しやすいところです。減らすことやおかわりに関しては，最初のうちは教師が切り盛りします。原則は「食べられる量だけ食べる」です。「いただきます」直後に「減らすタイム」を設けます。減らさない人は食べ始め，減らす人だけ食缶のところへ持ってきて，自分で分量を減らします（よって，盛り付けの時点ではスピード重視で誰でも一律の量です）。減らすときには，教師は前で見ていて，場合によっては手伝います。減らしても構わないので，「一口食べてみよう」くらいは促しますが，基本は自由です。ただし，「デザートなどの人気おかわりで競合する際，何かしら減らした人はこのじゃんけんに参加できない」という軽めのペナルティは科しておきます。

　②　ランチ係発「おかわり優先権システム」

　このおかわりシステムにしても，子どものアイデアで変化していきます。おかわりや減らすなどの切り盛りも，順次子どもに託していきます。現在のクラスでは，「ランチ係」によって「おかわり優先券」が発行されるシステムに変化しました。この優先券は，毎週金曜日の帰りの会で交付される仕組みです。交付対象者は，「一週間，一回も減らさなかった」＆「余ったものをたくさん

おかわりした人」のようです。担任の私にはその審査基準がよくわかりませんが，係が名簿を使って懸命にチェックしているし，子どもたちが納得して進めているのでいいのではないかと静観しています。

③　食の指導はシステム以前に「感謝」の一点をおさえる

私の師匠の野口芳宏先生は，食に関して次のように仰っていました。

「食の教育は，感謝で始まり感謝で終わる」。

つまり，「いただきます」から「ごちそうさま」です。食に関しては「感謝」の一点だけは外さないように指導します。作ってくれた人への感謝はもちろん，それを運んでくれた人への感謝。材料となった命を「頂く」ことへの感謝。そこの指導だけは大切です。

そこで，次のような話をします。

「『いただきます』と『ごちそうさま』を漢字に直しましょう。書けましたか。このように書きます。

『頂く』は，頭上高くに位置させることで，神事に用いる言葉です。他の命を自分の身体に取り入れる行為です。『馳走』は，あれこれ走り回って世話をすることです。食材を育てるところから運搬，調理まで様々な人の手を渡って口に入る。そこに『御』と『様』という敬意を示す言葉が付く。つまり，どちらの言葉も『有難う御座います』に通じる意味です。給食も，あらゆることに感謝していただきましょう」

具体的な例として，食べ物で遊ばない，粗末に扱わない，不平不満を言わないということも教えます。関わる人すべてが見たり聞いたりして嫌な思いをするようなことを避けるということです。御飯を残すのは仕方ありませんが，お椀に御飯粒がべったり残っているのは，指導すべき事柄です。粗末に扱っているし，洗うのも大変です。そうした大切なことだけを具体的に教えておきます。そうすれば，システム自体はどのようにでもなります。

⑷　朝のクラス会議で自分たちのクラスづくり
　①　朝の会のショートクラス会議システム
　学級づくりの中心的手法として「クラス会議」を取り入れています。週1回の学活の時間に行うこともありますが，基本は毎日の朝の会で実施します。

　朝の会で行うと，1回分の議論の時間は短めですが，即時対応できるというよさがあります。議題の紙（左図）には「書いた日」の欄があり，原則として日付順に話し合います。ただし「話し合いたいレベル」を☆3つまでで記す欄があり，いじめのような緊急性のあるものや，すぐに話し合う必要があると判断されるものは優先的に話し合えることになっています。長くなる場合は，翌日に議論を持ち越すことも可能です。この1日の間に新たな解決策を考える余地もできます。また，毎朝全員が一発言できるよさもあります。毎日自分たちでクラスをつくっていっているという自覚がもてるため，教室をアクティブに動かすには最適な手法です。細かなルールなどもここで決まります。自分たちで決めたルールなら，守られやすいです。

　②　朝のショートクラス会議の実施方法
　朝の会が始まる5分ぐらい前に机の移動を開始し，椅子で円を作っておきます。最初の「おはようございます」の挨拶から，円の状態でスタートです。

メニューも「学級目標を読む」「歌」「健康観察」だけなので，すぐに議題に入れます。アイスブレイクのようなレクを行うだけの日もありますが，基本はさっと議題に入ります。1時間目の始まりまでの時刻で終了です。よって，「先生の話」はありません。連絡などが必要なら一日のどこかで話します。

③ 実際の議題と解決策

例えば「掃除をきちんとやらない」という不満による議題が出ます。これは，どの学年のどのクラスで実施してもほぼ確実に出ます。「掃除をさぼる」という行為は，「水は低きに流れる」の言葉通り，水が下の方に流れるように，放っておけば自然とそうなることだからです。水を溜めるなら貯水池を造るように，掃除さぼりも対策が必要です。

ここで，教師が一生懸命に奔走しても，事態は好転しません（教師自身が一生懸命に掃除をするのは，あくまで前提であり，当たり前のことです）。掃除場所を「監視」して回るようになれば，見ていないときはますますさぼるようになります。

この議題に対しては「自分たちで役割を決める」「掃除の振り返りで評価を残す」というものが出ました。

役割の案は，要は自分で決めた役割なら一生懸命やれるという論理です。このシステムがそのままでは破綻するであろうことは目に見えますが，担任が先回りしてやめさせたりはしません。そういうことをすると，「どうせ先生が決めるんだ」という思いをもったり，自己有用感が下がったりする上に，確実にしこりのような不満が残るからです。とにかく決めたことを実行することが大切です。

後者の評価案は，やったかどうかをきちんとみんなが把握することが大切だろうという考えからです。また，自己評価では甘い人と厳しい人がいるため，最も掃除をきちんとやるリーダー（立候補ではない）が評価をすることによって，公平に評価されるであろうということをねらっています。これも細かく見るといろいろと不備があるのですが，「失敗してもいいから，やってみる」が基本方針なので，決まったからには即実行です。

こんなことを繰り返していくうちに，自分たちの「最適解」にだんだんと近づいていきます。平坦ではなく，回り道したり引き返したりと試行錯誤の連続ですが，その感覚こそが「自分たちでつくるクラス」を実感させます。

(5) クラスのグランドデザインを子どもとつくる
　① グランドデザインシートでアイデアを引き出す

　クラスのグランドデザインは，基本的に担任がすべきです。しかし，クラスが発展するにつれ，特に高学年では「もっとこうしたい！」という思いをもつ子どもが出てきます。クラス会議でも引き出せるのですが，消極的な子どもはそのアイデアを出せないことも少なくありません。しかし，そういう控えめで寡黙な子どもこそがよいアイデアをもっていることが多いものです。そんな子どもの意見を引き出す手立てとして利用するのが，次に紹介する「グランドデザインシート」です。私独自の実践なので，効果のほどは保証しませんが，少なくとも子どものアイデアは引き出せます。

　ちなみにこのシートはそこまで壮大なものではないのですが，「グランドデザイン」と銘打つことで，「自分でクラスを変えていくぞ！」というやる気を引き出すことをねらっています。

　② クラス会議を通してアイデアを具現化する

　この段階でのアイデアはまだ空想でしかないので，現実的に検討していく必要があります。アイデアを一覧にまとめて全員が閲覧できるようにしたら，クラス会議で決定していきます。

例えば教室環境で「畳の読書スペースが欲しい」というアイデアが出たとします。畳や本棚，そして本そのものといった物品はどうするかとか，使い方のルール，掃除の仕方も考えないといけません。それらの課題を一つずつクリアしていきながら，自分たちのアイデアを具現化していきます。

③　うまくいかないことは，「やり方を変える」か「やめる」か選ばせる

　いろいろアイデアを出すのですが，うまくいかないこともあります。例えば掃除の仕方について「自分たちで分担を決めて行う」というアイデアが出たとします。実際やってみたら，ほうきをやりたがる人ばかりで雑巾の役が足りないという事態になりました（予想通りです）。そうしたときに，次なるアイデアとして「男女でペアになって分担すればいい」というものが出ました。要は，完全に自由にしないで，ある程度制限をつけた方がよいと判断したようです。この繰り返しです。また，どうしてもうまくいかない場合には「やめて元通り」という最終手段があることも教えておきます。「やめる」という選択肢も常にあることをおさえておきます。

④　授業中の机の配置も柔軟に対応する

　このシートを渡すと，確実に「班の形で算数や国語の授業を受けたい」という要望が出ます。「班の形」にすると，友達同士の顔がよく見え，話し合いには最適なのですが，一方で勝手なおしゃべりが増えて大切な話も聞けなくなる確率が高まります（「おしゃべり」が全面的に悪いわけではなく，話を聞かないことで教える内容が入らないことが問題です）。しかし，自分たちからこの形の要望を出してきた場合には，この「マイナス面」を前面に出した上で，どうしたらよいかを選択して決定させることができます。つまり，仲間同士で「おしゃべりの自主規制」がかかるわけです。自分たちの要望を通してこの形にしている以上，こちらからの指導も入りやすくなります。「やっぱりうまくいかない」となれば，最後は元に戻すしかなくなるからです。

　机の配置のような授業システムに関わる部分も，このように子どものアイデアをもとに決めたものであれば，有効に機能する可能性が高まります。「自分たちで決めた」は重要なキーワードです。

第2章　教室がアクティブになる学級システム　69

(6) 日記システムでつながりをつくる

日記指導。初任のとき以来，ほぼ欠かさず続けているシステムの一つです。最大のメリットは，子どもの内面を見ることができ，子どもとつながれること。最大の欠点は，読む＆返事が大変なこと。楽ではないですが，無理なく続けられる日記システムを2つ紹介します。

① 連絡帳日記で保護者への個人学級通信を兼ねる

帰りの会の前に連絡帳を書く際，そのまま連絡帳に日記を書かせるパターンです。テーマは「今日の学び」や「うれしかったこと」など，保護者が読みたくなる情報が入るといいです。

書いたものへの対応方法は，書いた即時に持ってこさせ，読んで判子を押してその場でコメントを告げる方法が一つです。もう一つは，翌朝に提出させて返事を書いて返す方法があります。保護者にコメントを書いてもらうこともありますが，結構負担なので時々がいいでしょう（何日か続けると，普段のこちらの負担感も少しわかってもらえるメリットがあります）。

連絡帳日記の場合，書いたものを親も見られるメリットがあります。

② 個人日記で内面の悩みを聞き出す

左の写真のように，B5のマス目ノートを半分に裁断した小さいノートを使用して日記にします。こうすると，ちょうど1ページ200文字程度になります。罫線でなく，文字数が判定しやすいマス目がおすすめです。なお，後ろから書き始めさせれば，縦書き対応もできます。

こちらの最大のメリットは，子どもと本音でつながりやすいことです。第三者の目がないため，書きにくいことも書いてくれます。特に親の目を気にして内面を出しにくくなる高学年向きです。「テーマ以外に嫌だったことや悩み，愚痴を書いてもよい！」という約束にしておきます。毒出しです。これによって，いじめの芽を早期に発見できたことも過去に一度や二度ではありません。負担も大きい分，メリットも大きい方法だといえます。

3 教室をアクティブに動かすコツ

　最後にコツです。私は逆思考で問うという習慣があるため，先に「教室がアクティブに**動かなくなる**コツ」を考えます。

　これは簡単で，教師が全部やってあげることです。完璧なシステムをつくり上げ，何でも先回りしてうまくいくようにお膳立てをしてあげることです。もしシステムからはみ出たものが出た場合，厳しく処罰します。こうすれば確実に，子どもたちは担任の先生を畏怖して信奉し，自分で考えて動くことをしなくなるでしょう。盲信して従っていればすべてうまくいくのですから，ロボットと同じです。ロボットは完璧なシステムの上でこそ力を発揮します。

　これを逆にすればいいわけです。教師がやってあげないことです。知らないふりをしていることです。私の尊敬する教師の一人に，今は故人となった元筑波大附属小の有田和正先生がいますが，「先生は何にも知らないんだから」と子どもに呆れられていたというエピソードがあります。「追究の鬼」を育て続けた，社会科教師の知の最高峰であるこの人物が，一面的とはいえ子どもに「何も知らない」と認識されていたというのは，面白い事実です。

　柔軟なシステムをとりあえず大枠でつくることです。いつでも変わるという前提のもとで，子どもと一緒につくり上げることです。必要とあらば「朝令暮改」もあり得ます。それぐらいの柔軟さをもつことです。

　お膳立てをせずに，不自由を与えることです。不自由の中でこそ，子どもは主体的に自由を求めはじめます。皮肉にも東日本大震災は，私たちに豊かさとは何か，自由とは何かを考えさせてくれるきっかけとなりました。

　子どもがアクティブに動くためには，教師は一見「うちの先生大丈夫かな」ぐらいがちょうどいい。ただし，裏で実はアクティブに動いていること。これがコツではないかと考え，子どもに「先生，暇そうだね」と言われる教師を目指して，日々奮闘中です。

（松尾　英明）

5 小学校

先生は「おだまり」, クラスは「陽だまり」

1 目指すクラスとその実現のためのシステム

(1) 「何のために学校に来るのか？」

　新潟県は上越市の小学校でお世話になっていたときの話です。全校朝礼にて，春日良樹校長が児童に「何のために学校に来ていますか」と問いました。全学級の児童に短冊を配付し，一言で書かせて集めました。子どもたちは，以下のように答えました。

- ・将来の夢を叶えるため　　・大人になって困らないため
- ・できないことをできるようにするため　　・賢くなるため
- ・新しいことを知るため　　・お金持ちになるため

(2) 誰かを思って，自分のチカラを発揮できる子

　校長室で「これらの短冊に共通していることが，わかるかね？」と，質問されました。私が答えられずにいると，「短冊の言葉の前に『私が・僕が・自分が』を付けてごらん。そして，ここにない視点は何だと思う？」と，おっしゃいました。そう，足りない視点というのは，**相手意識**です。

- ・自分の力で誰かを喜ばせるため　　・世の中の役に立つため
- ・みんなで問題を解決するため　　・みんなと人生を楽しむため

　「短冊の言葉の前に『みんなで・みんなと・みんなが』が隠れているような回答ができる子にしていきたいよね。自分の力を，誰かのため，みんなのために発揮できる子，叶えたい夢が，まわりの人も幸せにするような社会をつくっ

ていきたいよね」と，おっしゃいました。

「これまで子どもたちにこの質問をしてきて，相手を思った回答をした子は，だいたいだけど，100人に1人か2人くらいだよ。時期や地域によっては，皆無のときだってある。また，（行きたくないけれど）行かなきゃいけないからとか，（家庭の事情で）給食を食べるためって答える子もいるからね」

以来，「何のための学校なのか」を問い続けることは，私がこの仕事を続ける主題となっています。

(3) 教室をアクティブに動かす4つの柱

親から離れて，「初めて出会って暮らす小さな社会である学校」において，担任ができることは，「みんなを信じてつながって，みんなのために貢献し，みんなと一緒にいる自分ってなんだかいいな」と実感させることではないでしょうか。アドラー心理学では，「共同体感覚[1]」という言葉で示されています。共同体感覚を育むクラスにするために，4つのポイントを示します。

---

① 思いをもって時間をかけて，子どもたちと学級目標を決める。
② （決まりの範囲内で）クラスのためになるならば，何をしてもよい。
③ めあてをもって組織し，活動する。みんなに「報・連・相」をする。
④ 保護者への理解を図る。

4月。担任の願いと子どもたちの思いを重ね合わせ，時間をかけて学級目標を決めます[2]。そして，子どもたちで学級目標を達成するために，クラスをどうしていきたいか，自分に何ができるのか，子どもたちが考えて，判断し，行動してほしいことを伝えてから，必要な係をつくっていきます。クラスの課題は日々，変化します。学級活動においては思いや願いに寄り添って，「何のために」という「めあて」をつくって取り組むことを大切にします。その「めあて」に基づいて，継続して活動できるように，朝または帰りの会で，報告・連絡・相談をする時間を確保します。そして，学級通信や学級懇談会などで保護者に様子を伝えていきます。

2 私の学級システム

(1) 自由設立制会社システム

　学級目標を決めた後，クラスの係は，自由設立制会社システム[3]で行っていきます。始めるにあたり，学級通信で以下のように掲載しました。

> 　学級目標を実現させるためにも，担任があれやこれやと言って，やらせるようでは，子どもたちのやりがいもありませんし，クラスで起こる様々な出来事に対して，達成感も充実感も十分ではありません。
> 　クラスの係活動における「自由設立制会社システム」では，子どもたちの自由度を増すことができます。子どもたちのもっている発想力や何かを実現したいという思いや願いを叶える可能性も増すことができると考えています。加えて，学校生活の中で，「やってよかったと思えること」や「がんばったこと」に継続性や連続性をもたせていきたいと思っています。
> 　また，自由度が増す分，責任が伴います。高学年となり成長していく中で，自分たちが決めた活動は，自分たちで責任をもってやること，また，人を喜ばせるために活動してほしいと思います。社会における世の中の「仕事」も，どの職業であれ，人を喜ばせるため，人と喜ぶためにあるのではないかと感じています。大げさながら，子どもたちの将来についても，この会社活動から，なりたい自分像を描き，できることを考えて，行動していくきっかけのひとつになればと思っています。

　その後，学級に必要だと思う活動を挙げ，会社を設立します。会社を設立する手順は，以下の通りです。

① 会社をつくることを知らせ，ポスターを掲示する。
② 自分の意思と責任において，いくつの会社に所属してもよい。
③ 入社や退社の意向は，朝や帰りの会で伝え合う。

原則的に,「いくつの会社に所属してもよい」ことにしていますが,学級の実態に応じて,担任が判断し調整します。子どものやってみたいという気持ちは尊重しつつも,とりあえず何でもやりたがり,でもすぐに飽きてしまうような場合,たくさんの会社に入るだけの子や入退社を繰り返す子が増えます。すると,活動はなかなか安定することができません。そこで例えば,1学期の間は一人一役にするなど,子どもたちの様子を見守りながら決めます。

　各会社の所属メンバーの人数についても,あえて制限をしません。これは初めから何人で組織してもいいことにします。クラスが成長していくと発展して,人数の過不足について子どもたちで調整しようとしたり,新たに活動したい会社をつくろうとしたりするからです。

　会社活動を通して学級をみつめる機会をつくり,そこで活動する自分ができることを考えていく中で,気持ちも前向きに変化します。入社も退社も,理由を言って,会社の人たちに認めてもらえたら可能ということにします。お互いを理解する,認め合う,尊重する機会にしていきます。

(2) 自由設立制会社活動の実際

　これまで担任してきたクラスでの実際の会社とその様子を紹介します。一覧の「めあて」と「活動内容」は教室に掲示したポスターから抜粋しました。「きっかけ」と「活動を通して」気づいたこと,感じたこと,考えたこと,心に残っていることについては,子どもたちに自由記述式で質問をしました。

① 生き物ミュージアム

メダカ・金魚・ヌマエビ・ナナフシ・カエル・カマキリなどたくさんの生き物たちが大集合

めあて	みんなが生き物に思いやりをもてるようにしたい 昆虫が苦手な人にも，少し観察してみてほしい 昆虫の魅力を伝えたい
活動内容	生き物のお世話・自然の説明・生き物の展示
きっかけ	お母さんが読み聞かせしてくれた虫の本から興味をもちました。昆虫について，みんなに知らせたいと思いました。
活動を通して	みんなが「いいね」といってくれてうれしかったです。 自分がやろうと思ったことは何でもできると思いました。

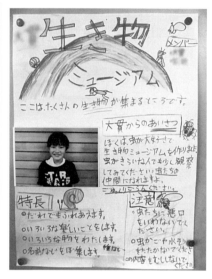

ユーモアがつまったポスター

② ペタ書き会社

めあて	クラスの人たちに，いち早く時間割を伝え，忘れ物を少なくしたい
活動内容	時間割の掲示
きっかけ	その日の予定が，見やすい場所に掲示されていたら，見通しをもって一日が過ごせると思ったからです。「時間割を早く知りたい」と友達が言っていたからです。
活動を通して	みんなから「時間割を早くお知らせしてもらえるので助かる」と感謝されて，うれしかったです。

③　中村博物館

子どもの頃？の夢が実現。みんなでコレクション

めあて	自分たちで集めたものを見せて、みんなの笑顔を見たい
活動内容	展示
きっかけ	博物館があるということで、みんなに学校に来ることの楽しみにしてほしいと思ったからです。
活動を通して	博物館メンバーを募集したときに、たくさんの人が集まってくれました。みんなすすんで協力してくれました。さわりたいと言っていたので、展示物に興味をもってもらったことがわかり、うれしかったです。

　他にも、紹介したい会社がたくさんありますが、ここではあと３つの会社の概要をまとめました。

④　体育会社

　準備体操や用具の準備だけではなく、「みんなで遊ぶ日」をつくりました。跳び箱運動や速く走るコツを紹介した新聞を作りました。

⑤　ならばせ会社

　１学期の活動当初は、大きな声を出して呼びかけるも、「みんなが並んでくれない」と嘆いていましたが、担任も「ならばせ会社がいないと整列ができないクラスでいいの？」と全体に問い、「並ぶ」という行為をみつめることで、理想の姿に向かって、どう取り組んだらいいのか、小さな目標を決めていきました。２学期には、会社がなくても並べるということで、発展的に会社は解散

しました。

⑥ 笑顔たんまり会社

よくあるレク係を指しますが，ネーミングが素敵です。子どもの感想を紹介します。「みんなで一緒に考える難しさと楽しさを感じています。本当にこれで自分が考えている将来の道に進めるのか不安になることもあります。でも，みんなが笑ってくれるので，ずっと続けていきたいと思っています。これからも人を笑顔にしたいです」。子どもたちが主体的にかかわっているからこそ，このような気持ちを表現することができると思っています。教師は，「笑顔たんまりな社会をつくる」ための仕事をしています。

(3) 「どうしよう」から「そうしよう」の当番活動

給食当番や掃除当番については，担当と人数の大枠だけを決めます。子どもたちには，「どうしたらいいだろうね？」「何かいい方法ないかね？」と問い，クラス会議[4]などで話し合いをしてやり方を決めていきます。

◆ 罰のための掃除なのか

掃除当番の決め方です。給食当番を座席順のグループで構成しており，最後の片づけまで当番で行います。終わったら，廊下を担当します。

心も磨く清掃班			
	教室	給食当番のち，廊下	水道
ほうき	田中／鈴木	1	
ふき	山田	2	
机		3	
黒板		4	

① 掃除をしたい場所に，マグネットで作成したネームプレートを貼る。
② 人数の過不足については，相談して決める。時間がかかりそうなときは，じゃんけんをする。いつも同じ場所にならないようお互いに気を付ける。
③ どこの担当場所で掃除をしていても，クラス全員が一斉に終わること。

やり方を決めても，実際，円滑に動くまでには，時間がかかります。国語の授業中のことです。グループで話し合い活動を行っていると，教室中に聞こえるような大声を出す子がいました。一人でも周囲を考えず，大きな声を出し始

めると，その声を打ち消すために，次々と教室全体が騒々しくなります。私は「お〜〜い！　いささか，やかましくはないかい？」と声を上げ，全体を注目させました。すると，

> 子ども：「先生！　掃除をさせるのはどうですか。前の学年では授業中，騒がしいと，その人の名前を黒板の隅に書き，注意される度に，正の字を書いていきました。先生が一画書くごとに，1分間の掃除を放課後にして下校します」
>
> 教　師：「なるほど。では，そのやり方で，みんなはちゃんと掃除をしていましたか」
>
> 子ども：「まぁ，あんまりですが，ちゃんとやっている人もいました。ゲームみたいで楽しいですよ」
>
> 教　師：「そうですか。では，そのやり方で，みんなが変わりましたか」
>
> 子ども：「いやぁ……」

私は「不適切な言動をしたら，掃除をしなければならない。掃除は罰ゲームなのでしょうか」と続けました。朝の会で，掃除のやり方について「どうしたらいいだろうね」と投げかけていたので，この提案をした子は「こういうやり方がありますよ」という親切心から発言したのだと思います。だから，その子の発言を叱るのではなく，その子の発言を契機としていきます。

> 教　師：「前の様子を教えてくれて，ありがとう。掃除を罰でやらせたくないね。今，大きな声を出していた人たちも，それでグループで話し合うくらいの声のボリュームで話せるようになるのでしょうか。掃除は何のためにするのだろうね」

と伝えて，授業に戻ります。

> ルールやシステムで固めるのではない。いわば，エッセンスをふりまく。曖昧さと柔軟性をもって，ファジーに構成していく。

ファジーに構成した掃除当番にしておくと，週替わりで調整するはずの担当場所を決めておくことを忘れてしまうことがあります。給食当番と連動してい

るため，金曜日か月曜日に調整しなければ，円滑に流れないという欠点があります。また，学期のはじめの給食がない週などでは，やはり，グループで決められた当番でまわしたほうが，分担がわかりやすく明確です。しかし，このようなときこそ，この曖昧な掃除当番の奥義を説きます。

　教　師：「掃除分担の調整を忘れてしまいました。もし，できたらなんですが，ここはあえて分担を決めず，みんなで状況を判断して，一人一人が責任をもち，みんなで力を合わせて，きれいにできそうかね？」

　子ども：「大丈夫ですよ。任せてください」

　担当の掃除場所がはっきりしているほうが，動きやすいはずです。しかし，このように決めておかなかった状況で，あえて任せてみます。話し合ってすぐ分担したり，状況を判断して黙って力を合わせていたり，普段の分担にはない場所を掃除していいかと質問したり，子どもたちが子どもたちで動き出します。もし，うまくいかなくても，最初はそれでよしとします。

　一緒に掃除をしながら様子をみて，5時間目の最初や帰りの会などで，担任の言葉で，子どもたちの姿を映していきます。

　教　師：「掃除の場所と分担を調整していなかったけど，みんなの動きには本当にびっくりしました。さっと話し合って分担していた子，みんなの動きを見てから，人手不足かなと思ったところにすすんで駆けつけてくれた子，普段はやらないところに気が付いてやっていた子，どんなときでも変わらず雑巾で床を磨いていた子，みんなの力が集まったら，なんだかいつもより早く，それでいて丁寧で，すごくきれいになっていると思います」

　うれしそうに聞いている子どもたちの表情は，「次も任せて」と言っているようです。強制的に「やらせる」のではなく，「やっている姿」を映して省みる機会にして，「やりたくさせる」のです。もっと言えば，「やりたくさせる」というよりも，「やりたくなっている」という状態です。子どもたちに教師の言葉が伝わるきっかけを待ち，ここぞというタイミングで届け，いいところを

称えて、認めるのです。子どもたちが子どもたちで考え始めます。
　「雑巾をやりたがらない人が多いから、ぼくはあえて雑巾を続ける」
　「気配り名人になって、普段やっていないところを見つけて取り組む」
　「掃除の後、気づかれないように用具入れの掃除をするのが楽しみ」
　「朝早く来て、掃除をしてもいいですか。楽しくなって」
　クラスの子どもたちの声です。こんな言葉のやりとりがあったら、全体にも紹介していきます。笑顔で対話を繰り返し、クラスで共有していきます。

⑷　**勇気づけとケアのフィードバック**
　「子どもたちの適切な行動を、どのように可視化したらいいのでしょうか」それは、教師の言葉で伝える時間をつくり、子ども同士で伝え合う時間をつくり、安心して自分が存在できる教室という居場所で、やりたいことを表現できる機会をつくることです。

　①　**コンプリメントの交換**
　子ども同士で伝え合う時間をつくるためのおすすめは、クラス会議に取り組むことです。クラス会議では、話し合いを始めるにあたり、最初にコンプリメント（ほめ言葉）と感謝の交換を行います。
　学級で見つけた「うれしかったこと・よいところ・感謝」を輪番で伝えます。「一緒に遊んだ」「机を整えていた」「欠席した日のノートを見せてくれた」「時間を守る人が増えた」など、子どもたちが自分たちの生活のよいところを発見して、共有し、肯定的な感情を共感する時間です。「自由設立制会社活動」が充実していると、ここでもお互いに会社の取り組みに対して、認め合うような言葉があふれていきます。

　②　**イクミ屋の登場**
　全校朝礼や専科で教室を移動するときに、椅子を入れたり、電気を消してくれたりと、一人でそっと取り組んでいるイクミくんがいます。クラスの中では、控えめでおとなしいタイプですが、優しいところはみんなに伝わっていました。会社ではなく個人事業主の「イクミ屋」として、どこかの会社のお手伝いをし

たり，そっと配付物をやってくれたりと活動していました。

彼が，クラス会議におけるコンプリメントの交換で，「最近，イクミ屋の活動が減って，さみしいけれどうれしいです」と言ったとき，みんなが笑顔になりました。みんなが自分のクラスを自分事としていた瞬間でした。

3 教室をアクティブに動かすコツ

◆ ケアし合えるシステムをつくる

> やってみせ　言って聞かせてさせてみて　誉めてやらねば　人は動かじ

山本五十六の名言[5]です。ご存知の方も多いと思います。この言葉には，次のような続きがあります。

> 話し合い　耳を傾け承認し　任せてやらねば　人は育たず
> やっている　姿を感謝で見守って　信頼せねば　人は実らず

少し古いですが，「子どもにとっての教師」に関わる国際比較では，以下のような調査結果[6]があります。小学5年生を対象にした，「先生からしてもらったこと」における回答です。数値は，「しょっちゅうある」という割合（%）

先生からしてもらったこと（%）

	東京	ソウル	北京	ミルウォーキー	オークランド	サンパウロ
休み時間，遊んでくれた	7.9	(6)1.7	6.9	(1)8.7	3.5	2.5
先生からほめられた	(6)6.3	12.3	24.3	(1)30.6	10.3	11.2
勉強のわからないところを個人的に教えてもらった	(6)6.2	28.3	40.0	(1)44.3	38.0	38.7
「がんばったね」と励まされた	(6)5.9	17.0	36.0	(1)75.2	52.0	9.3
悩みを聞いてもらった	(6)3.0	11.9	10.9	(1)43.3	27.3	18.6
休日，遊びに行った	(6)0.6	1.6	5.5	(1)13.8	1.8	2.0
平均	(6)5.0	(5)12.1	(3)20.6	(1)36.0	(2)22.2	(4)13.7

で，表中の（ ）の数字は，順位を表しています。

　また，関東地方のある県が公表した小中学生の「子どもの実態調査」（2016年2月実施）では，「誰が一番話を聞いてくれるか」という質問に，「学校の先生」を選んだ児童生徒はわずか2％だったという結果もあります。しかも，この質問に対しては，複数回答が可能なのにもかかわらずの結果です。

　「何のための学校なのか」。子どもたちの前に立つ，先に生きている者として，「教師のあり方」が問われています。留意しておきたいことは，多くの優れた実践から，システムだけを採用するのではなく，目の前の子どもを受けとめて，長期的な視点で子どもを育む種をまき，実るまでの時間を保障していくことです。子ども同士がつながり合おうとする雰囲気を醸成することです。

　みなさんのクラスを動かすそのシステムは，心配りのケアであふれた，ほっと安心できる居場所をつくるものでしょうか。

【参考・引用文献】
(1)　岸見一郎『アドラー心理学入門　よりよい人間関係のために』ベストセラーズ，1999
(2)　赤坂真二編著『最高のチームを育てる学級目標　作成マニュアル＆活用アイデア（学級を最高のチームにする極意）』明治図書，2015
(3)　赤坂真二『"荒れ"への「予防」と「治療」のコツ　学級づくりの基礎・基本』日本標準，2008
(4)　赤坂真二『赤坂版「クラス会議」完全マニュアル　人とつながって生きる子どもを育てる』ほんの森出版，2014
(5)　稲川明雄『山本五十六のことば』新潟日報事業社，2011
(6)　ベネッセ教育研究所『第5回国際教育シンポジウム報告書』，1997

（八長　康晴）

小学校 6

「輪ゴムのトライアングル」でクラスを動かす

1 目指すクラスとその実現のためのシステム 〜輪ゴムのトライアングル〜

　今，輪ゴムは，お持ちですか？　もし，お持ちでしたら，輪ゴムの輪の中に，左手の親指と人差し指，右手の人差し指を，下から入れてみてください。3本の指で輪ゴムで三角形ができませんでしたか？　これが，私の考えるクラスを表すモデルです。仮に「輪ゴムのトライアングル」とします。

　「輪ゴムのトライアングル」の中の，左手の親指が学級内のシステム，人差し指がクラスの子どもたちを表します。そして，右手の人差し指が，学級担任＝あなたです。

　担任と子どもがつながっていて，学級を動かすシステムがあって，そして，子どももシステムを理解している状態……それが「輪ゴムのトライアングル」が正三角形の状態です。これだけでも，クラスは動きます。ですから，4月にスタートしたクラスは，まずこの状態を目指すはずです。

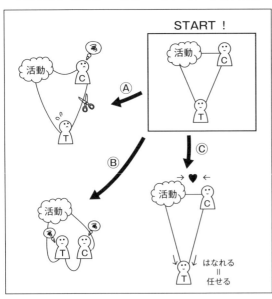

　その後，担任が子どもたちとつながっていない状態になると（Ⓐの状態），輪ゴムは切れてしまっているので，システムは動きません。

担任と子どもたちが慣れ合うだけになってしまうと（Ⓑの状態），指から輪ゴムはすり抜けてしまいます。子どもとシステムとのつながりはなくなり，子どもたちもやがて担任から離れていきます。そして，学級は崩壊します。

では，担任に例えた右手の人差し指を，右側に引っ張ってみてください。左手の人差し指と親指が，ぐっと近づきませんでしたか。これが，Ⓒの状態です。私の思い描く「教室がアクティブになる学級経営」は，まさに，「輪ゴムのトライアングル」が，この状態になったときです。「教室をアクティブに動かす」ためには，活動と子どもを近づけることが大切です。子どもと活動を近づけるには，

> **システムが理解されたら，担任が「後ずさり」すること**

が必要です。ここで肝心なのは，あくまで「後ずさり」だということです。

後ずさりは，対象から目を離さず後ろへ下がることを言います。必要最低限のシステムの提案をしたら，担任がシステムに関する決定権をもたないことを子どもたちに説明し，あとは，子どもたちから目を離さず，見守り続けます。

ただ，後ずさりするのは，子どもたちと信頼関係を築いた後です。子どもたちは担任という「人」をまず安全基地にして，次に「場」を安全基地にしようと動き出します。子どもたちは，うまいシステムがあるから動くのではなく，「先生は，どんな活動も受け入れてくれる」という安心感が，「教室がアクティブになるエネルギー」になると考えています。

そこで，

> **システムの中に，担任とつながる「のりしろ」がある**

ことを意識しています。活動をすると同時に，子ども同士や担任とのつながりも生まれ，そこから得られる安心感が活動に生かされていく。そんなエネルギーの変換が起これば，子どもたちはアクティブに動きます。

2 私の学級システム

(1) システムを動かす前提条件～学級目標を日々意識させる～

憲法をもとに様々な法律が生まれるように，システムの向かう先には学級目標があるのではないでしょうか。この本をお手に取られた先生の学級にも，学級目標が掲げられていると思います。

学級目標は，クラスのベクトルです。自分たちがどこに向かうのかを指し示す海図です。ですが，真剣に話し合って，掲示したとしても，思い出すきっかけがなければ，ベクトルは忘れ去られてしまいます。

学級目標が忘れ去られた学級は，

> 「だれ，なれ，崩れ＝去れ」

の道をたどります。これは，劇団四季の稽古場に掲示されている言葉らしいのですが，演劇人だけでなく，学級にも通じる言葉だと思います。

クラスのベクトルが揃わないと，目指すところを見失った子どもたちは，**だれ**てしまいます。そして，協力し合うことではなく，**馴れ**合うことが横行します。それが続くと，学級集団は**崩れ**，子どもたちの心は学級から**去**っていきます。

そのため，私は，学級目標を意識するための活動を，一日の流れの中に入れています。それは，

> 学級目標にハイタッチ

です。私の教室の入口には，手形が3つぶら下がっています。手形には，学級目標を3分割したものが書かれています。

子どもたちは，登校して教室に入る際，今日一日，学級目標のどれを意識して過ごすかを選

びハイタッチします。そうすることで，日々の活動の目標を自覚させるものです。子どもたちは朝，登校したときだけでなく，休み時間に教室に戻ってきたときや，掃除から戻ってきたときなど，一日に何度もハイタッチしています。ちょっとしたことですが，学級目標を楽しく意識付けるには，なかなか効果的です。

> のりしろ

　ここでの「のりしろ」は，学級目標にハイタッチする手形は，**担任の手の原寸大**という点です。手形の横には「今日意識する学級目標にハイタッチしましょう」という注意書きの後に，「これは，先生の大きさです。やさしくタッチしてね」と書いてあります。それにより，「本当に同じ大きさ〜？」と，たくさんの子どもたちが確認しに来ます。それにより，自然と手を合わせるスキンシップが増えます。さらに，「○○くん，先生より大きいね」と言えば，「えー，本当に？　○○くん，比べっこしよう」と，その子が他の子とスキンシップをとるきっかけにもなります。

(2)　**自分ファーストの学級づくり参画システム〜サークル活動〜**

　私の学級には，いわゆる「〜係」と呼ばれる係活動は存在しません。学級を「保つ」ために必要な活動は，(3)で述べる「ハローワーク」と呼んでいる，一人一役活動で賄います。
　係活動に代えて取り入れているのは，「サークル活動」です。これは，学級目標達成のために，

> **自分が楽しむことで友達を楽しませるシステム**

です。「〜会社」などの呼び名で行っている学級もあるかもしれません。
　私は数年前まで，新学期を迎えると「何係を作る？」という投げかけをして，数個の係を作り，人数配分を考え，子どもたちの希望を聞いて係活動を始めていました。しかし，続けていくうちに，その係活動に違和感を感じ始めました。

> 「担任が楽をするために，やらせている感じがする」
> 「入りたくない係に渋々入っている子もいる」
> 「1日1回しか活動しない係もあるし，有名無実な係もある」

という，形骸化したものに見えてしまいました。これでは，「担任ファーストの学級づくり」です。子どもたちにやらされ感が蔓延し，自分たちで動き出そうという気持ちにはなりません。

　私は，学級づくりは，担任だけがするものではないと考えています。子どもたちも共同生活者として，学級づくりに参画してもらい，自分たちで自分の居心地のよい学級を創り出してほしいのです。

　子どもたちがキラキラしているのは，どんな時間でしょうか。私は，好きなことに打ち込んでいるときの子どもたちの表情が大好きです。時間が経つのも忘れ，好きなことに没頭している子どもたちを見ていると，こちらも楽しくなってきます。つまり，自分が好きなことを楽しんでいる姿は，周りのことも楽しませることができるのです。

　そう考えた私は，係活動を廃止して，サークル活動を始めることを宣言しました。サークル活動は，学級目標を達成するために，自分の好きなことを仲間と実行していく活動です。つまり，

> 「担任ファースト」ではなく「自分ファースト」のシステム

です。

　4月に学級目標が決まると，すぐにサークル活動を始動します。次のような流れで始めました。

　① サークルメンバーの募集をする

　「学級目標を自分の得意なこと，好きなことで達成しよう」と説明し，「クラスでこんなことしたい」ということを紙に書かせます。そして，その紙を持っ

て教室を練り歩き，同じこと，似ていることを書いている子ども同士で集まります。

　学級目標達成のためにやろうとしていることが同じメンバーは，すでにある一定の合意形成ができている状態でスタートできます。そして，自分のクラスのために，仲間と一緒にがんばろうと，意欲も上がります。

　時には，「自分1人でやりたい」という子もいます。「自分ファースト」ですから，「1人は嫌だ」という場合を除いて，その子の思いを大切にします。

②　学級目標を意識させて，内容を決める

　「そのサークルは，学級目標のどの部分を達成できるの？」と問い，ただ好きなことをすればよいのではない，ということを理解させます。その上で，「学級目標の〇〇を達成するために，～をします」などのサークルの活動内容を決めます（例：「スポーツサークル」……「すくすく元気に」を達成するために，休み時間にドッジボール大会やリレー大会をします）。

③　定期的に振り返りをする

　サークルを作りっぱなしでは，活動は停滞します。「慣れ」が原因のことが多いです。そのため，「慣れ」が蔓延する前に，必ず定期的に立ち止まる時間を設けています。1回15分間ほどで十分です。

　また，教室にはサークルが自由に使っていいことになっている掲示板「サークルの広場」があります。これは，基本的に1週間以上は掲示できない約束になっています。掲示を取り換えることで，「来週はこういうイベントをするから掲示しよう」「記事の内容が古くなったから
新しいのを掲示しよう」とサークルの活動にリズムが生まれたり，「しまった，今週ちょっとさぼった」と自覚させたりすることができます。

④　担任にお伺いを立てる……をなくすための工夫

　サークル活動が軌道に乗ると，「掛け持ちをしていいか？」という意欲をもった子どもが出てきます。私は，掛け持ちをしてもいいかどうかの判断はしま

せん。「じゃ，みんなに提案してみる？」とだけ話します。そして，クラス会議で話し合ってもらいます。掛け持ちの可否だけでなく，サークル活動に関して，クラス全体が周知すべきこともそうです。あくまで，子どもたちがサークル活動のルールをつくっていきます。

　サークル活動が活発になると，「～を使っていいですか？」といった使用の許可を求める声が担任に届きます。その声をなくすために，教室の一角に「サークル用の道具入れ」を置いています。画鋲，コピー用紙，画用紙，マジック，ガムテープなどが自由に使えるように置いてあります。それだけで，子どもたちは思い立ったときに，すぐに行動に移せるようになります。

　サークル活動の主体は子ども自身で，担任は，サークル活動に関して決定権や承認権はないということを，環境からも子どもたちに伝えることができます。

[のりしろ]

　サークル活動での「のりしろ」は，**担任もサークル活動を楽しむ**ということです。イベントがあれば，一緒に汗だくになって参加し，「次も楽しみだな」とイベント後に握手をし，「このポスターの絵，どうやって書くの？」と興奮して話しかけ，「こんなクイズ，よく思いつくね」と驚きます。それが，クラスへの貢献度を実感することにもつながるはずです。

(3) 学級ファーストの学級づくり参画システム

　サークル活動は，自分のしたいことで学級づくりをしていく「自分ファースト」のシステムです。それに対して，学級を動かすための様々な仕事を，個人の好き嫌い関係なく分担していくのは，

「学級ファースト」のシステム

です。私のクラスでは，「ハローワーク」と「給食・清掃当番」の2つが，これに該当します。

【ハローワーク】

　ハローワークでは，一人一役で学級内の仕事を分担します。軽微なものから，

休み時間に行わなくてはいけないもの，何度も仕事をしなくてはいけないものなど，仕事内容には軽重がでます。また，自分好みではない仕事内容もあります。しかし，学校とは，小さな社会です。その中で営まれる社会生活には，様々な役割があります。その一つでも欠けると，もうその社会は回りません。

> 学級のみんなのために働くことが，自分のクラスを動かす

ということに，このハローワークを通じて気づかせていきます。ハローワークの立ち上げ方法は，以下の通りです。

① 在籍人数分の仕事を選び出す

ハローワークでは，まず在籍人数分の仕事を決めます。ある年の在籍人数は40名でしたので，学級内の仕事を40個決めました。黒板消しや，配り物などです。仕事の内容に軽重があっても構いません。

② くじ引きで担当者を決める

名前の書かれたプレートを，机の上にふせて並べます。そして仕事名を言ってから，名前プレートを選び，読み上げます。「では，宿題チェックは……（目を閉じて名前プレートを取る）はい，○○さん」というようにです。時には，前に担当した仕事と同じものになることもあります。でも，くじ引きのやり直しはしません。一発勝負です。1か月続ける仕事が決まるので，くじ引きは毎回，大盛り上がりです。人気の仕事は「では，○○の仕事は……」と，ためてためて「△△さん！」と発表すると，悲鳴に近い歓声が起こります。

③ 担当の仕事を1か月続けて，お給料をもらう

決まった担当の仕事は，1か月続けます。そして，月末に，またくじ引きをして，新しい仕事を決めます。その後，子どもたちが「お給料」と呼んでいる「ハローワーク通帳」にポイントを記入します。ポイントは，仕事内容や1か月の働きぶりの振り返りに応じて変動します。

ポイントは，「1時間席替え自由券」「おかわりじゃんけん優先券」などと交換できるので，それを楽しみに，できるだけポイントの高い仕事に選ばれたい子も多いです。このポイントは，外発的な報酬とも言え，自分で感じる達成感

のような内発的な報酬ではありません。ややもすれば,「ポイントがあるから働くけど,ポイントがなければ働かないよ」という子どもがいるのではないかと思われがちです。しかし,「ハローワーク通帳」にポイントがたまっていくのを見るのは,

> 自分のクラスへの貢献度を見える化すること

につながると思います。ポイントがたまった「ハローワーク通帳」は,達成感・貢献度の証明書です。ポイントありき,で始めるのではなく,自分ががんばった証拠としてのポイントと意識させることが大切です。

【給食・清掃当番】

　クラスに欠かせない当番活動に,給食当番と清掃当番があります。私は,どちらも班単位の人数分の仕事内容だけを決め,分担は班での話し合いに任せています。そのため,毎日何かしら班で話し合っている姿が見られます。

　今は給食当番の仕事は,5つのグループに分かれています。白衣を着て配膳をする給食当番が1グループ,その他に給食時間に必要な仕事が4グループ分あります。

　子どもたちは,自分たちで話し合って何を分担するかを決めています。配膳をする子どもたちも,食缶だったりパンだったり,自分で仕事を選びます。1週間固定の班もあれば,日替わりの班もあります。

　清掃当番も同じです。清掃場所と必要な分担だけをホワイトボードに書いておき,あとは給食時間に話し合わせて名前を割り振ります。清掃の分担が決まった班から,ホワイトボードを黒板に貼っていきます。

　給食当番も清掃当番も,

> 自己決定する余地と,話し合う余地を設ける

ことを考えたシステムにしています。自分たちで決めたことに,意欲を引き出し,責任感をともなわせることができます。そして,話し合いは「チームで取り組む」という意識をもたせます。

のりしろ

　当番活動を終えたら，子どもたちはジャンケンをしに来ます。当番のホワイトボードに貼る，仕事終了の印になるメダル（マグネット）を取りに来るためです。これが「のりしろ」です。

　ジャンケンに勝ったら自分の好きなメダルを取り，負けたら担任が選んだメダルを受け取ります。私はとてもジャンケンが弱いので，子どもたちはほぼ自分の好きなメダルを選び，ホワイトボードに貼っています。

　これは，メダルをもらうことに意味があるのではなく，「毎日必ずクラスの全員と触れ合うことができる」ことに意味があります。子どもたちは，ジャンケンに弱い私が負けて悔しがっている様子を，毎日うれしそうに眺め，ついでにあれこれおしゃべりしていきます。

(4) 子ども同士をつなぐ活動

　子どもたちはクラスに，「人」と「場」の安全基地を求めます。「人」は担任だけでなく，同じクラスに所属している友達も含まれます。

> 自分だけでも動けるけど，仲間と動くともっと楽しい

という思いをもち，子どもたちでクラスを動かしていくためには，子ども同士をつなぐ活動も大切です。

① 個人的話題を共有する時間「あいさつリレー」

　朝の会では，全体での「おはようございます」の後，日直がお題を決める「あいさつリレー」という活動をしています。これは，とにかく朝から声を出して，いろんな人とかかわり合うことを目的にしています。

　日直のお題は「好きな色を，男女5人ずつに言いましょう」「好きな給食のメニューを男女3人ずつに言いましょう」など様々です。そのお題に合わせ，「おはようございます。好きな色は水色です」とあいさつをして回ります。

時間は1分間で切ります。長いとだらけてしまいます。たった1分間ですが，友達の意外な情報を知ることができるので，毎日大盛り上がりです。

　② 様々な交流を生む「パンの袋ちびちび選手権」

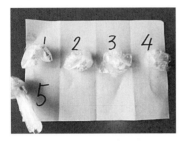

　給食がパンの日に行います。この活動は，ゴミ袋からパンの袋があふれるのを防ぐために始めたのですが，子どもたちが交流する機会としてのほうが意味合いが強くなりました。

　「今日はパンの日なので，『パンの袋ちびちび選手権』をします！」

と宣言すると，子どもたちは「よーし！」とパンの袋を結びます。そして，班の中で誰が一番小さく結べたかを比べ，班の代表を決めます。

　代表になった子は，自慢の結び目を，班の番号が書かれた紙に載せます。そして，他の班と比べて，その日の優勝班が決定します。優勝した班には，全員から称賛の拍手をもらいます。

　たったこれだけの活動ですが，「誰の結び目が一番小さいかなぁ？」とお互いを見合うことが生まれ，「パンの結び目を小さくするにはどうしたらいい？」という話し合い，「○○さんは，こんな裏ワザを持っている」という情報交換が生まれます。そして，優勝した班では，「○○のおかげで，俺たちの班が優勝できたよ」「ありがとう，○○！」という声が聞こえてきます。このさもないイベントは，子どもたちにいろいろな交流をもたらしています。

3 教室をアクティブに動かすコツ

　思い返すと，若手時代は子どもたちをルールだらけのシステムの中に囲っていた気がします。担任である自分が楽なように，失敗の尻拭いをしなくて済むように，面倒な子ども同士のトラブルが起きないように。教室には，「～していいですか？」という言葉があふれ，私は「自分で考えて」と口では言いながらも，実際は子ども自身で考えることを許していませんでした。当時は，失敗

が起こる余地はないかわりに、クラスは担任なしでは動きませんでした。

　今のクラスは、私がいてもいなくても、大した差はありません。でも、私は、優れた教師というわけではありません。ただ、子どもたちとつながっていることは強く感じています。つまり、教室がアクティブになっていくのは、理想的なシステムがあるからでも、立派な指導言があるからでもなく、

担任とのつながりを信じたとき

ということではないでしょうか。「自分で動いて失敗しても、先生は自分を信じてくれている」……そんな安心感を糧に、子どもたちは自分たちで動き出すように思います。そして、動き出した子どもたちを、担任は後ずさりしながら、まぶしく眺めていればいいのではないでしょうか。

　この頃は、大事なのはシステムなのではなく、その裏にある担任と子どもをつなぐ「のりしろ」だと思うようになりました。つながりがあれば、結局はどんなシステムでも、子どもたちは担任の手を離し、自ずから動いていきます。

　みなさんのシステムの中に、「のりしろ」はありますか？

　　　　　　　　　　　　　　　　　　　　　　　　　　　（北森　　恵）

7 小学校

全員が時間いっぱい動く
～ゴールに向かう協働で自ら動く子を育てる～

1 目指すクラスとその実現のためのシステム

(1) 全員が時間いっぱい動くには

　クラスで活動するとき，担任なら必ずと言っていいほど経験する困りごとの一つに，個人差があるのではないでしょうか。図工の作品を仕上げるまでの時間に大きな差があって，完成するまで何日もかかる子と，完成してしまって手持ち無沙汰の子が出てくると，時間の調整になかなか頭を悩ませることになります。

　時間差が大きいと，早く終わった子にはさらに工夫をするように促したり，時間のかかる子を休み時間に残したりして，なんとか差を埋めようとするのですが，どちらの子にとってもやる気の出ない時間となります。

> この差をどうやって埋めたら全員での活動がうまくいくのだろう。

　教師になりたての頃，授業においても，その他の活動においても，このように個々の違いを予想して，できるだけ全員が時間いっぱい動けるようにと活動を考えました。この「全員参加」の考えが，私の学級システムを考える上での基本理念になっていきました。

(2) 差を生かすには「枠」の中で「協働」する

　向山洋一氏は『子供を動かす法則』の中で，「最後の行動を示すことによって，一人ひとりの子供はその時間の枠を自由に使うことができ，かつ自分なりに工夫・対応できるようになる。（中略）管理のし過ぎは能率が下がる」と述べています[1]。

私はこの法則は，個人はもちろん，集団の動きに対してもあてはまると思います。つまり，全体でどのような状態になったら作業完了という全体のゴールを示し，完了までは全員が自由に工夫して動くということです。

　また，向山氏の言う「時間の枠」というところは，活動時間の中でここまでやる，ということですが，活動に応じてその枠は，「学校の敷地内で」という「場所の枠」になったり「他の学級に迷惑をかけない範囲で」という「行動の枠」になったり，「お金をかけない範囲で」という「条件の枠」になったりすると思います。このように，

> ある程度の枠の中でゴールに向かって自由に工夫できる

ことが，子どもたちが動くポイントだと考えます。

　ここで，枠を与えることに教師主導のイメージをもつ方もいるかもしれません。しかし，小学校では，自己決定や自由度が最初から高くなりすぎると，どうしていいかわからず動けない場合が出てきます。

　そこで，この「枠」をどのような広さ（自由度）で与えるのか，子どもの学年や経験値に合わせて考えるのが，重要な環境設定となるのです。

　では，なぜ協働なのでしょうか。全員参加を考えたとき，まず思いつくのが「役割分担」つまり「分業」です。分業すると最初は自分の役割に向かうかもしれません。しかし，それが完了する時間に差が出ます。他の役割を手伝うとなると，せっかく早く終わらせた係が損したような感情を訴えることがあります。だから協働です。目標達成まで，できることを工夫し，全員終わるまでは全員が終わらない。この考えを繰り返し伝えていくのです。

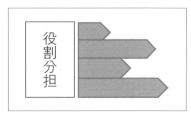

分業のイメージ

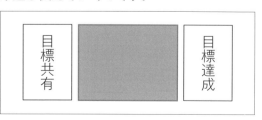

協働のイメージ

2　私の学級システム〜適切な枠と協働体験〜

(1) 枠が適切でないと失敗する

① 低学年にて

　1年生の担任をしたときのことです。毎月行っていたお誕生会を全員参加で企画しようと考えました。「次の参観日では，お家の方々にお誕生会を見てもらおう。一人一役で，全員でお誕生会をつくろう」。このとき私は，1年生の担任が初めてでもあったのです。

　まずは誕生会に向けてやりたいことを話し合いました。

- カード渡し
- 歌
- 椅子取りゲーム
- クイズ
- 鍵盤ハーモニカの発表

　この後，必要な仕事も考えました。司会や，歌のCDを流す人，カードを渡す人など，随分細かいところまで分担し，1週間後の学級活動までに少しずつ準備を進めていき，リハーサルを行うことにしたのです。

　子どもたちは楽しい計画には非常に積極的でした。休み時間になるとメッセージカードにする紙をもらいに来て，早速全員に配りはじめました。また，司会の子は言葉を考え始めました。歌は曲集を見て，何を歌うか考えていました。私は，そんな子どもたちの様子をうれしい気持ちで見ていました。

　1週間後の学活です。係ごとに，どこまで進んだかを発表し合いました。

　すると，誕生日カードは全員分が集まっておらず，鍵盤ハーモニカチームはまだ弾けず，椅子取りゲーム係は，進行ができなかったのです。

　1年生ですから，進捗はたびたび確認していました。でも，実際にやらせてみることはしていませんでした。そのため，そこから数日後の参観日までは，

休み時間にいろいろなチームの練習や作業でテンヤワンヤでした。そしてとても残念だったのが，鍵盤ハーモニカチームは当日までに弾けるようにならず，違う仕事に移ったことでした。

参観日当日，全体的には楽しい時間が過ごせましたが，鍵盤チームの母親に，「曲を弾くって聞いていたけど，弾かなかったんですね」と言われ，申し訳ない気持ちでいっぱいになりました。

これは完全に私の環境設定のミスです。思うように準備ができず，結果的に達成感を味わえない子が出てしまった大きな原因は，

① ゴールをはっきりと示さなかったこと
② １年生にとって次のチェックが「１週間後」では期間が長すぎたこと

つまり，枠が広すぎたのです。時間枠も，作業の自由度もです。１年生にこのように「好きなように」やらせては，進めることができません。

モデルを示し，「この時間に，ここまでやろう」と言って，やり方をアドバイスしながら教師の見ている前で作業を進める必要がありました。

② 高学年にて

６年生の子どもたちが，児童会祭りに迷路を作ることを計画しました。教室に机で通路を作るというものです。子どもたちはただの迷路ではつまらないと言って，部屋を暗くし「お化け屋敷迷路」を作ることになりました。

そして，だんだんイメージが膨らみ，暗闇の中で何かを探そうとか，お化けが追いかけてくるとか……。私は自分の発想がついていかず思わず口を挟んでしまいました。「そんなにできるの？　もっと絞ったら……」

子どもたちは納得いかない様子でした。特にアイデアを出した子は教師から却下されたことが明らかに不満なようでした。

そこで，「クラス全員に役割がある」「低学年の子でも参加できる内容」「準備に使える授業時間は２時間（児童会行事配当）」などいくつかの条件を与えて，やらせてみることにしました。

すると，子どもたちは教師など考えもつかない方法で「宝探しお化け屋敷迷

路」の計画をつくり出しました。部屋に入るとお化けがいて「私の目を探して」と頼んでくるのです。それで室内にある目玉（手作り）を迷路を巡って探すというものです。怖い子には６年生が一緒に歩いてあげる，制限時間になったらお化けに追い出される，など，行列ができない工夫までされていました。反対する理由は一つもありません。

　高学年の子どもたちには，枠が狭すぎては不満や反発のもとになります。このときは，途中で不満や反発に気づき，

① 　子どもたちに与えられる時間のリミット（時間の枠）
② 　全員参加や安全面などの譲れない条件（条件の枠）

という枠だけを伝え，その中での自由な計画を許したことで，子どもたちは動き出しました。そして時間差を出さないために，

「全体が完成するのが全員のゴール。ゴールまでは自分にできることを探すこと。遊びだした人が出たら作業時間は終了」

と伝えておきます。ゴールに向かい協働させることで，手の必要な仕事を手伝ったり，掃除などの自分でできることを始めたりして，教室がアクティブになる様子を引き出せたようでした。

(2)　**適切な枠を考える～係活動を通して～**

　みなさんの学級では，どんな係活動がありますか。黒板消し係や配布物を配る係などのように，ある程度毎日の仕事内容が決まっている，当番活動のような係から，イベント係のように，自分たちで企画運営する係まで，いろいろ考えられると思います。

　係活動というのは，子どもたちが創意工夫をするのにもってこいです。ぜひとも子どもたちに工夫する余地を与え，自主的な動きを引き出したいものです。

　① 　**低学年は決まった仕事の中で工夫ができる**

　　１年生のうちは，仕事が決まっている当番活動のようなものから始め，クラ

スのみんなのために働くことで，みんなが気持ち良く過ごせるということを体験できるとよいと思います。毎日の仕事をしていると，黒板消し係の子が「○○さんがまだノートを書いているからここは消さないで残しておく」と判断したり，CD係の子が「朝の歌の時間にすぐに曲が流せるように，朝来たらラジカセのスイッチを入れておく」といった自分の仕事での工夫をし始めることがあります。そんな姿は大いに認めていくと，意欲的に取り組めると思います。

② 中学年は与えられた時間や条件の中で工夫した協働ができる

中学年では，決まった仕事だけでなく，自分たちで自由に仕事を考えられるよう枠を広げます。例えば，担任からこのように声をかけます。

> 「黒板係は教室の後ろの黒板は自由に使っていいから活用してね」
> 「掲示係は掲示板のこの面を自由に使っていいよ。楽しい掲示を考えて」
> 「朝の会や帰りの会で『係から』の時間を作って，生き物係が生き物クイズとか，本係がおすすめの本紹介とか，できると楽しいね」

係で自由に使える場所や，自由に使える時間を設定するのです。子どもは楽しいことを考えるのが好きです。友達を楽しませることも好きです。日常活動にプラスして，このような自由な企画ができる場を設定することで，喜んで考えます。

一つの係がクイズを出すと，次の日からは他の係もやりたがります。体操係が「ぼくたちも体操に関係ないけどクイズ出してもいいですか」と言ってきたりします。そうなったら「いいよ。ありがとう。楽しみにしているね」と認めます。

そうしていくと，体操係が朝学活でなぞなぞを出していることもあります。それでもよいと思うのです。

与えられた時間の中で，みんなが楽しむためにという目的で

という枠の中でなら，どんどん自由に活動することを認めていくのです。担任がその創意工夫を認めたり，一緒に楽しんだりすることで，子どもはさらに意

欲的に活動すると思います。
　③　高学年は目的を共有し工夫や協働ができる

> 何のためにやっているのか。

　高学年では，係活動の目的を共有することが重要です。それを最初にしっかり押さえます。
　仮に，目的を「クラス全員が気持ち良く学校生活を送るため」とすると，この目的に合っていることが活動の枠になるわけです。
　子どもたちは，目的達成のためにはどんな仕事が必要になるか，今までの経験をふまえ自分たちで考えることができるはずです。
　係ごとの仕事の量に差が出ないように配慮する必要があれば，各係に「日常活動」と「イベント活動」の両方を考えることを条件に与えて仕事を計画したらよいでしょう。
　以前担任をした6年生では，各係の日常活動の他，係ごとのイベントを企画実行する時間を設けていました。月に1回，学活を係の時間に当てていました。
　この時間の使い方には決まりがあります。

- 何かイベントを行いたい係は，1週間前までに教室に置いてある「計画書」に何をするか記入する。
- 学活1時間（45分間）なので，申し込みした係が1つなら45分使える。2つなら22分ずつ，3つなら15分ずつなど，時間の調整は子どもたちに任せる（時間が短くなるから来月に移動，なども考える）。
- 1週間前までに申し込みがなければ，その学活の時間は先生に返す。

　学活1時間を担任に返すのはよほど嫌だったのでしょう。締切が近づくと，「今月何かやる係ないの？　じゃ，私たち何かやる？」などと声をかけ合って計画をしていました。
　盛り上がった企画，うまくいかなかった企画など様々でしたが，与えられた1時間を自分たちで企画運営できていたのは事実です。

また，協働という視点では，クラスのために誰かが企画したことには協力しようということを常々伝えていました。係が企画したことに参加しなかったり，文句を言ったりするようなことがあれば，その時間は私が没収です。
　係活動での協働は，企画運営するだけでなく，参加すること，楽しむことも大切な協働の姿だと思います。

(3)　**動きやすい土壌をつくる**〜グループ決めを通して〜

　教室がアクティブになるために必要なこと，その要素の大きな一つとして，一緒に活動できる仲間がたくさんいるということが挙げられます。

　体育でペアをつくるとき，ゲームでグループをつくるとき，遠足や行事で班をつくるとき，仕事の分担をするときなど，「○○さんと一緒がいい」「○○さんと一緒じゃないと嫌だ」ということがあると，活動がうまくいきません。

　しかし，このような子どもの反応は，そう珍しくないと思います。いつも一緒にいる友達や，気の合う友達と一緒のほうが気を遣わずに活動しやすいに決まっています。しかしそれでは，全体の活動はうまくいきません。キャンプの４人用テントに５人は入れないのです。では，誰が一人違うテントに移動するか。

　私はいつもこんなとき「全員が心と頭を少しずつ使って」と言っていました。思い通りの人と，涙を流す人がいるのではなく，全員が少しずつ譲り合うということです。

　上記の例なら，一人が移動するのではなく，仲良し５人グループが３人と２人に分かれ，別の仲間と一緒になるということになるでしょう。

　うまくいくグループ決めにはポイントがあります。ここでも

> **全員が決まるまで全員が終わらない**

ということです。

　例えば「４人グループをつくる」とします。

　教　師：「４人で活動します。全員立って，４人グループを作ったら座り

ます。

　ただし，うまく決まらなかったら最初からやり直します。だから全員が少しずつ心と頭を使って決まるようにしてくださいね」

子ども：（ざわざわ……）

（仲良し4人でさっとグループになる子たち）

（仲良し5人で動けない子たち）

（3人で「あと一人だれか入って―」と呼びかける子たち）

教　師：「あと1分待ちます。声をかけ合ってください」

子ども：「どうする？」

教　師：「はい，ではやり直します。全員起立しましょう。今4人で座った人も一度バラバラになってください。今と同じではうまく決まりませんね。みなさんが決められなければ，先生が決めます。いいですか？」

　このようにして，やり直します。4人組ができたところは完了，とはしません。全員の協力でグループ決めを完成させるのです。

　できるようになるには，あらゆる条件でグループ体験をする機会を設けることです。そしていろいろな人と活動できることは，自分が行動しやすくなることであり，価値あることだと伝え続けます。

　こうして，アクティブな学級の土壌をつくるというわけです。

　このように言い続け，修学旅行の班決めを児童に任せることができた6学年もありました。その学年の子どもたちは，「せっかくだからいつもと違う人と班になろう」と考えることができたのです。そう行動できることは，この子たちが身に付けた財産だと思います。

卒業文集より①

普段とは違う人と一緒にいるのもいいなと思いました。気を付ける方がいたり楽しみになったりする人もいたけど，いろんな人と一緒に行動した班で計画を立て行動しました

(4) 協働を価値付ける～授業を通して～

🌱 で，図工の時間差のことを述べましたが，授業の中でも，ゴールを示した協働により時間いっぱい子どもたちが動く工夫ができます。

① 問題演習

算数の問題演習では，時間差が大きくなります。そんなときは，数問ずつに区切って，「ここまで班の全員が同じ答えになったら，わかるようになったら，答えを聞きに来る」と指示を出します。

算数が得意な子は教えることになりますが，教える子が損をしていると思わないことがポイントです。人の記憶は，聞くことで10％，見る15％，話し合う40％，体験する80％，そして教えることで90％定着すると言われていて[2]，教えることは大変有効な学習法だと伝えます。

また，最近では記述式の問題が増えていますから，「本当にわかっている人は説明が上手」と言ったりして，説明することに意味をもたせます。

そうしてグループで問題に取り組むと，説明する側も，説明される側も勉強になります。そして，クリアしたら次の数問に進むことを繰り返します。

教師は巡視をして，答えを言うだけでなくやり方を説明するよう促したり，参加しない子に声をかけたりと，子どもたちが協働できているかをチェックしていくとよいです。

このやり方で問題演習を行うと，子どもたちは「今日も班でやりたい」と言うようになります。低学年はペアなどの少人数・短時間で回数をこなし，経験を積んだ高学年なら，45分間自分たちで学習を進めることができるようになると思います。

② 実技科目

実技科目では，特に楽器の練習や，家庭科の裁縫などで，「先生～！」と呼ぶ声があちこちから響き渡ることがあります。うまくできない子が教師に助けを求める姿です。これではみんな「先生待ち」で時間が過ぎていきます。

> **ミシンを使った裁縫の授業の場合**
> ① ゴール(枠)を示す。
> 「今日はここまで全員が終わらせます。先へは進みません」
> ② 教師が全体に向けてやり方を説明する。
> 「先生は1回だけ説明します。わからなくなって,友達と話してもどうしても解決しないときは呼んでください」
> ③ グループ(2~4人)で1台のミシンを順番に使う。
> ④ わからなくなったら,まずは友達に聞く。(協働)
> 「先生教えてー」と頼られたら,「○○さんができていたよ。見せてもらったら」と友達につなぐ声かけをする。
> ⑤ もちろん,子どもだけで解決しないときは教師が手助けする。

そこで,ここでも枠の中での協働が効果を発揮します。

班全員の作業が完了し,後片付けが終了するまで,その班は解散しません。このように作業すると,教師が教えながらまわる(もしくはわからない子が教師の前に列をつくる)授業よりも,はるかに進度に差が少なく,全員が授業時間内に同じところまで達成することができます。

3 教室をアクティブに動かすコツ

(1) 子ども自身がコツを身に付けるために

「前の3年生ではうまくいったのに,今度の3年生ではうまくいかない」。そんなとき,私たちは子どもでなく,前にやった実践だけに目が向いていないでしょうか。

子どもたちの協働力というのは,年齢相応に身に付いているというものではありません。例で挙げたような学年の活動が,必ずしも成功するとは言えないのです。なぜなら,協働力は経験によって身に付くものだからです。

だから教師は,どの学年であれ「この子たちにどこまで任せようか。次はど

こまで自由にできそうか」考えます。もちろん，枠を広げていく前提での試行錯誤です。つまり，子どもに適した枠を考えるためには

> 目の前の子どもたちを観察し理解すること

が不可欠です。

　子どもを理解しようと関心を寄せ，活動を考えること。成長に合わせ枠を広げていくこと。それがやる気を引き出すコツではないでしょうか。

　その教師の対応を見て，子どもたちは，「うまく協働すれば任せてもらえる。自分勝手にやっていては任せてもらえない」ということを学ぶでしょう。

　こうして，うまく動くコツを子ども自らが身に付けていくのです。

(2) 子どもを「動かす」のでなく「育てる」

「枠をだんだん広げていく」ということでわかるように，私たちは一つの活動で子どもがうまく動けることを目標としているのではありません。あらゆる活動を通して，子どもたちが自分たちで判断し，行動できるように成長することを目指しているのではないでしょうか。

　この本に載っている様々な「コツ」を使っても，子どもの成長は一朝一夕にとはいきません。

　だから，正しくは「教室がアクティブに動くようになるまで，根気強くやり続けるコツ」のように思います。それでも，教師が信念をもって続けたことは，必ず子どもたちに伝わることを子どもは教えてくれると思います。

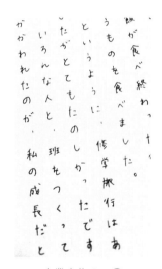

卒業文集より②

【引用文献】
(1) 向山洋一『子供を動かす法則』明治図書，1987
(2) 吉田新一郎『効果10倍の〈教える〉技術』PHP研究所，2006

（岡田　順子）

小学校 8

子どもたちが主体的・協働的に活動でき，個と学級が成長するために

1 しくじり先生
～リーダーシップをはき違えていた初めての6担時代～

　学級経営をしていく上で，みなさんは自身のリーダーシップを，また，そのリーダーシップは子どもたちにどう伝わっているのかを，客観的に見つめていますか。

> Performance：課題解決・目標達成に関する機能
> Maintenance：集団維持機能

　私は，次の2点が大事だと思っています（三隅二不二のPM理論を参考）。

> ① 自分自身の教師としての特性を客観的にみつめる。
> ② 子どもたち一人一人や，集団の実態・集団の成長度合いに合わせたリーダーシップの発揮をしていく。

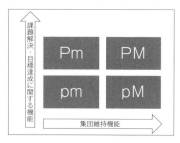

　この考えに至ったのは，初めて6年担任の経験を通し，うまくいかないながらも「子どもたちから学び，教師として成長できたから」と言えば，聞こえはいいかもしれません。しかし，子どもたちにとっての1年間は，後にも先にもその1度きりです。

　1年ごとに学級編成がある学校で，初めて6担をした20代のことです。5年から学級編成があっての6年に持ち上がり。そもそものしくじりは，5年の自分が受け持った学級の最終段階を6年のスタートラインとしてイメージし，4月を迎えてしまっていたことです。つまり，新しいメンバーでの実態をとらえ

ず,「6年だからできる」と思い込んでいたのでした。そして,学年の担任は4クラス中3名が男性(主任50代,生徒指導担当40代,20代)。男性教師との違いを感じつつ自分も同じようにやろうと試みても,違うものは違うのでした。さらに,「自分の未熟さ」ではなく,子どもの問題行動のせいや,「前の担任が厳しすぎたのでは?」と人のせいにしているうちは,何も状況は変わりませんでした。どのようなあり方で子どもの前に立つのか,教師と子どもの信頼関係・子ども同士の良好な関係性なくして,個と集団の成長はありません。

河村茂雄氏*は,著書の中で

> ① 学級の子どもたちの特性,学級集団の状態をアセスメントする。
> ② ①の結果にそったリーダーシップスタイルを採用し,発揮する。
> ③ 成果を適宜評価し,微修正をしながら柔軟にリーダーシップを発揮する。

と述べています。①②③は言うまでもありませんが,大前提にあるのは教師の「あり方」です。

私の目指す学級像は,「自治的集団」です。それは,学級づくりにおいても,授業づくりにおいても,いつでも,どこでも,誰とでも目的を共有し協力し合える,課題解決集団として個と集団が成長していく姿です。困ったときに仲間に助けを求める,困っている仲間がいたら手を貸すことのできる関係性。仲間がいるからこそ喜びは倍になり,仲間がいるからこそ辛いことも乗り越えられる,そんな学級。それを実現するためには,その学年の実態や発達段階に応じた自治的集団の姿をイメージすることが大切になります。私は,

自分よし,相手よし,みんなよし~三方よし~

という考え方を大事にしています。この言葉は,教育実習でお世話になった小学校の教育方針です(近江商人の精神に由来しているそうです)。私なりの解釈ですが,「自分だけがよい」状態は,自己中心的です。かといって,「相手のみよし」だと,自分の意志があるようには思えません。三方よしの状態へ合意形成していく中で,みんなにとって利益のあることを導き出せたら,素敵だと

思いませんか。「みんなちがってみんないい」と、個々の特性を認め合いながら、個々の得意、不得意にかかわらず、互いの成長を喜び合える関係が築けたら、子どもたちはいろんなことにチャレンジできます。そこで、子どもたちが、集団の中で対等性を築きながら、いつでも、どこでも、誰とでも学び合えるよう、ルールとリレーションを丁寧に紡いでいきます。

以下、前述の経験を生かし、高学年を担任したときの実践を紹介します。

2 システムづくりのために

(1) 学級のビジョン（学級目標づくりのシステム）

担任の心得として、次のことを心得ています。

- 子どもたちが行ってきた既存のシステムを無理には変えない。
  変えたほうがよりよいものになりそうならば、「提案」という形をとる。
- 新しい風を吹かせるのは担任だからこそ！

この年の学校教育目標は「豊かな心をはぐくみ、進んで取り組む子どもたち」、そして重点目標は、①進んで取り組める子どもたち、②自分に自信が持てる子どもたち、③よりよい集団づくりをめざす子どもたちでした。この段階では、子どもの姿を想定していますが、教師集団の目標です。それを受けて、その学校での5年の学級づくりで目指すところを描きます。

担任の妄想ビジョン⇒子どもたちの実態に合わせて妄想ビジョンの修正
　⇒修正ビジョンを子どもたちと共有

　学級開きの際、一人一人が5年生のスタートラインに立ち、お互いのいいところは認め合い、伸長していってほしいこと、また、「変わるチャンス」が誰にでもあることを強く話しました。
★子どもたちから学級目標に入れたいワードは、挑戦、チャレンジャー、グレ

イトV，元気，明るい，活発，仲良し，34，34チャレンジャー，絆，協力などがありました。子どもたち自身が，5年生になって新しいことに挑戦していこうと意識をした結果，34チャレンジャー〜絆を深めよう〜に決定しました。（学級通信から抜粋）

黒板上に掲示する学級目標のデザインは，公募制

「子どもたちと合意形成しながら学級目標をつくる」ということに価値があります。単学級の5年生でした。それまでの子ども同士の関係で，「○○はこういうところがある」などと，プラス面もマイナス面もある程度固定されがちなのかもしれません。だからこそ，多面的にみつめて，友達のよさを新発見，自分を再発見してほしい，誰にでも可能性は未知数だということを子どもたちに語りました。

(2) 生活を振り返る機会（帰りの会のシステム）

① 相互承認：帰りの会で学級目標の振り返り「今日のチャレンジャー」
② 係や委員会の業務連絡・情報共有の場
③ 個人や全体のことを伝える場

　子どもたちが，学習場面以外においても，振り返る場を大事にしています。教科学習では教科の取組の中で振り返る機会があります。生活づくりでは，振り返る機会を意図的に，そして計画的につくることで，子どもたち自身が学級

生活をよりよいものにしていこうとする思いや，仲間のよさに目を向けようとする思いを醸成することにつながるからです。もしも，生活づくりを振り返る場面がなかったら，点数で計る学力だけが子どもたちの価値，判断基準になってしまうのではないでしょうか。子どもたちには「結果じゃなく経過を大事にしよう」と，ことあるごとに伝えてきました。挑戦すること自体に価値があること。失敗しても，あきらめない限り，またチャンスがあるということを共有した上での振り返りです。子どもたちは個人のことを挙げたり，学級全体のことを挙げたりしていました。振り返る機会を設けることで，困っていることがあったらみんなで考えることが当たり前になっていきます。

3 行事や校外活動などを通して成長する学級システム

　行事には，5・6年合同遠足，運動会，4・5年合同の自然教室，大平っ子フェスティバル，6年生を送る会主催と，大きな柱となるものがあります。そこで，行事を通した学級づくりを念頭におきます。それは，集団の力を付けるためです。様々な行事を通して付けたい力を以下のように設定しました。

> ・見通す力・物事の優先順位を考える力
> ・企画・運営を通し，創造する力
> ・仲間と協力するよさに気づく力

(1)　運動会に向けた取り組み（5・6年／組体操合同練習）

　まず，6年の担任との協働で練習日程を組んだり，組体操の動きを決めたりしました。その後，ベテランの体育主任のM先生にアドバイスをもらい練習に入りました。学年合同の練習では，以下のサイクルがまわっていました。

> 合同テーマ（夢への挑戦）の実現に向けて
> ①　体育の時間の練習。6年生が，経験を活かして技のポイントを伝授

② 体育の時間の振り返りノート
③ 組体操の動画を給食時間に流し，気づきを促す
④ 振り返りノート　⑤ 朝の会で，体育の振り返り記述の紹介〜共有

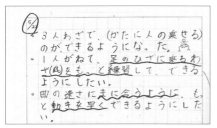

子どもの体育振り返りノート

組体操練習　　　　　　　　　　応援団練習

(2) チーム力を高める応援旗づくり

　赤と白の布が配布され，応援旗を各学級ごとに作ることになっていました。そこで，「どんな応援旗にするか」が議題になりました。「デザインを募る」「みんながそれぞれめあてを書く」「去年の5年生は家庭科で作ったフェルトの飾りを付けていたからそうしたい」などが出ました。多数決をとると，フェルトの飾りを付けることに決まりました。それ以後の子どもたちの家庭科の時間の玉結び，玉止めの練習の張り切りようはすごかったです。

(3) 運動会応援団の選出〜練習

① 4・5・6年の応援団で応援歌の作成（替え歌づくり）
② 幼稚園に教えに行く
③ 応援団の動画を撮り，昼の給食時間に流す
④ 応援歌の元歌を，昼の給食時間に流す
⑤ 全校に教える

　応援歌の替え歌づくりは，4・5・6年の応援団を中心に行います。私は応援団担当だったため，赤白応援団を集め，はじめに応援歌を決めるにあたり共通で確認することを出し合ってもらいました。そこで出たのは，元の歌を何にするか，みんなが知っている歌・歌詞を変えたときわかりやすい言葉にする，低学年や園児のことを考えて振付を考える，でした。そこで，曲が赤と白で重ならないようにするために調整する方法を確認した上で，赤・白に分かれて曲を決めました。その後は，振付を考えたり，歌いながら練習したりしました。応援団だけで練習もしましたが，園児の前や全校の前で練習をリードできるよう，帰りの会に練習したいということで，時間をとりました。応援団に対して，クラスの仲間が歌い出しとともに「動きをもっと大きくしたほうがいい」「声を大きくしよう」とアドバイスしていきました。

(4) チームとしてのベクトルをそろえる（4・5年／合同自然教室）

　合同実施のため，自然教室の目的を共有し，スローガンづくりを行いました。また，4・5年の混合班をつくるので，まずはお互いを知ることを目的に，給食時間に自然教室の班で食べることを実施しました。また，係ごとの打ち合わせ後の子どもたちとの話をもとに，自然教室の行事を子どもたちと一緒につくっていきました。

> 自然教室ビフォー・アフター（通信から抜粋）
> 「同じクラスの仲間とは，一緒に過ごしてきた年数があるから，わかることがあるけど，4年生と一緒に話し合うって難しい。一人一人の意見を聞いていくって，難しい。僕たちが年上だから，去年の経験をもとにリードしたいけど……。去年は，全部5年生がやってくれていたけど，4年生にも活躍の場があったほうがいいと思う。4年生にも全体をまとめる経験をしてほしい」等というのが，子どもたちの自然教室準備前の思いでした。

入所式や開会式など，全体のプログラムや役割の案を出したときでした。はじめに私は，「おおまかな流れを去年のプログラムをもとに作ってみました。これは，決定ではありません。去年を思い出して，変えたほうがいいなと思うことはありますか？」と尋ねました。すると，「自分たちだけじゃなくて，4年生にも活躍の場をつくりたい」「去年自分たちは何もやらなかったから，4年生だって何かやってみたいって思ってるかもしれないから」「カバーすればできると思う」というのが子どもたちから出された考えでした。これは，実際に昨年，4年として参加した経験があるからこその，子ども目線の意見です。なるほどなと思いました。昨年，自分たちが全部5年にリードされっぱなしのお客さん状態だったから，「一緒によりよい会にしたい」という表れだったと思います。

> **係りごとの打ち合わせを経た子どもたちの振り返りの一部**
> 準備期間を経て，最終的に5年生は以下のことを再認識しました。
> ☆失敗は成功のもと。 ☆自信をもって，リードしていこう。
> ☆4年生をリードするために，まず自分たちができることからしっかりやろう！
> ☆来年は6年生として全校をリードするのだから，まずは，4年生をまとめていこう！（通信から抜粋）

(5) 個と集団のフィードバックの機会

教師がすべてを言うのではなく，子どもたちの気づきを全体で共有してフィードバックすることで，集団としての成長を促進することができると考えています。直接語る，機を逃さず個やチーム，学級全体の振り返りをする，通信を活用して振り返りを載せて共有するなどです。振り返ることで，できてきたことと，改善することが明らかになります。

> 自然教室を通して，子どもたちは，協力とは何か，リードするために必要な力は何か，一人一人の役割を果たすということは具体的にどういうことなのか，経験をもとに心で感じることができました。失敗することも次へのステップです。（通信から抜粋）

子どもたちの振り返りから一部抜粋
★それぞれの班長さんや室長さんが，自分の仕事に責任をもっていたところがよかった。
★4年生をリードできるようにみんながんばっていた。
★「手伝って」と言わなくても，飯ごう炊さんで班の仲間が手伝ってくれてうれしかった。
★時間を守って行動できた。　★目標が達成できた。
★班長ががんばっていた。副班長もがんばって班をまとめようとしていたのがよかった。
自然教室を通して，これからの学校生活に活かしたいこと
★仲間と協力することを学校生活でも活かしていきたい。
★チーム，学年で協力すること。
★5分前行動。
★けじめをつけて，切り替えを早くする。
★みんなで集合する時，「静かに！」と言わなくても静かにしたい。
★自分勝手な行動をしないで，協力したい。
★班長を中心に，協力できるようにする。

> ★にぎやかで友達に優しいクラスだから，他の学年にもやさしくしてあげたい。
> ★5年はにぎやかでいいけれど，けじめが必要。
> ★4年生との絆をさらに深めていきたい。
> ★みんなが楽しく過ごせるように，ルールを守りたい。
> ★もうすぐ大平っ子祭りがあるので，作るときに協力していきたい。
> ★先生や班長の話をよく聞いて，協力する社会科見学にしたい。

　4・5年合同の活動を通して，子どもたちは年下の4年生相手にも対等に接することの大切さを築いていくことができました。「同じ階の住人」（教室配置が隣）という意識から，「仲間」になっていったと思います。それが，休み時間に4・5年で一緒に遊ぶようになったことからも感じられました。

4　創意工夫のある活動が生まれるシステム

私は前述の三方よしを土台に，

> 自分が楽しむことで，結果としてみんなも楽しむことができる活動になること

を奨励していました。子どもたちの案は，面白そうだね!!と後押しします。そうすることで，自分たちのクラス文化を自分たちで創っていく意識が芽生えます。

> 　バスの中では，レク係を中心に，イントロドンやなぞなぞ，班ごとのカラオケ，社会科見学クイズで盛り上がりました。レク係は，みんなで楽しむための準備・進行をがんばりました。（通信から抜粋）

> **ドッキリ！ラジオ番組に生出演！**
> 　SBS（静岡放送）ではラジオ番組の生放送に参加したり，テレビ局のスタジオの秘密を教えてもらったり，現場で働いているスタッフを間近で見たり，新聞が印刷されている場所を見学したりしました。そこでは，正確な情報を届けるために，苦労していることや大事にしていることなどを学びました。もしかしたら，今回の見学をきっかけに，将来テレビ・ラジオ番組，新聞などの制作に携わってみたいと思った子もいるかもしれませんね。（通信から抜粋）

　社会科見学の影響か，このような通信を出したからなのか，男子３人が，「先生，パソコンで学級新聞を作りたい」「デジカメも使いたい」と言ってきました。社会科見学以降，新聞係が立ち上がり活動しました。

　創意工夫のある活動は，４月には導入しません。それまでの子どもたちの経験を聞いて，機をみて導入します。係（当番活動）が軌道に乗ってからでも十分だと思います。イラストコーナーを作ったり，自分たちのおすすめの本を持

ってきて貸し出したり，けん玉が流行ったり，壁面を折り紙で飾るチームができたり，バンドチームができたり。これらは，始める子・チームが帰りの会でお知らせをして始まります。市町駅伝大会に代表で出場することになったクラスメイトのために，運動会のときに応援団だった子たちが中心となり，帰りの会に激励会を行ったりしました。

5 授業とつながりのある行事を通して子どもたちが成長するシステム

　大平っ子祭りという学校行事があります。これは，各教科での学びを活かした発表の場です。各学級でどんなブースを作るか決めていきます。相手意識，「おもてなし」の心をもち，学びを披露する場です。5年生では，話し合いのもと，教科別の各チームに分かれてブースを担当することになりました。参加する人（幼稚園児から大人まで）が楽しめるようにするにはどうしたらいいか，いつまでにどんな準備物が必要か，場所はどのように設置するのかなどを考えていきました。社会科チーム，理科チーム（顕微鏡を理科担当の先生にお願いして借りて参加者が見られるように），音楽チーム（リズム遊びで太鼓の達人のようなブースも）などがありました。全員で成功させるために，お互いのブースの進行を見合ったり，アドバイスをし合ったりしました。

教室をアクティブに動かす7つの習慣

> ① 時期をとらえるための年間の見通しをもつ。
> 　　（長期スパンを意識しつつ，短期と中長期の見通しも射程に入れる）
> ② 種をまくための土壌づくり（環境設定）をする。
> ③ 子どもたちの経験を問い，新しいことを導入するときには，価値を伝え同意を得る。
> ④ 子どもたち主体の行事を子どもたちとつくっていく。
> ⑤ 子どもたちが振り返り，次へ生かす場を設定する。（教師も振り返る）
> ⑥ 見守る！
> ⑦ 子どもたちに相談する。（笑）

⑦については，大人が，相談するの？　と思われるかもしれません。でも，実際，課題解決していくのは子どもたちです。何かを私が決めてその通りにしていくと，子どもたちから成長する機会を奪ってしまいます。それは，子どもたちを信じていないどころか「教師の思い描いた通りにコントロールしてしまう」ことになりかねません。「どうなったらいいかな？」と，ちょっと先の未来を想像してもらうことで，子どもたちは子どもたちなりの経験値で解決策を模索します。必要があれば選択肢を提示します。何につけても，担任がやりすぎない。ちょっとくらい抜けているほうが，子どもたちがしっかりしていきます。

担任の役割は，ゴール設定〜子どもたちに語ることと環境調整，そして子ども自身が活動に目的・価値を見出せるような環境設定です。それができれば，子どもたちが自ら動き出します。「信じて任せる」からこそ，子どもたちが自分たちの思いや意図をもって，教室がアクティブになるのだと思います。

【参考・引用文献】
＊河村茂雄他企画・編集『Q−Uによる学級経営スーパーバイズ・ガイド　小学校編』図書文化，2004

（濱　　弘子）

9 中学校
教師の価値づけで，仲間に貢献する喜びをたくさん味わわせる

1 目指すクラスとその実現のためのシステム

向山（1991）は，学級に存在する仕事を３つに整理しました。

① 学級を維持するため毎日定期的に繰り返される仕事で，一定の人数が必要なもの（例：掃除当番，給食当番）
② 定期・不定期にかかわらず繰り返される仕事で，少人数でよいもの（創意工夫をあまり必要としない）（例：黒板係，配布物係など）
③ 学級生活を豊かにするために必要な組織（＝文化・スポーツ・レクリエーション３分野の係）（例：スポーツ係，新聞係）

①は当番活動，②③は係活動です。係活動には創意工夫が必要なものとそれほど必要でないものがあるといえます。言い換えれば，②は「あったほうがいい係」，③は「なくても困らない係」となるでしょう。③の活動を中学校で実践するときには，やはり活動時間の確保が障壁となります。総合的な学習の時間や特別活動など学年で統一した動きをすることの多い中学校では，学級独自に使うことのできる時間が限られています。

また，多くの生徒は部活動に所属し，その上，生徒会の委員会にも所属しています。学級以外にも学校全体に関わる多くの仕事を抱えています。

そこで，私が大切にしてきたのは，生徒の創意工夫を促すことよりも「あったほうがいい係」を生徒に考えさせ，その仕事に徹底して取り組むように促すことでした。やらされている仕事ではなく，学級のために取り組んでいるという気持ちをもたせることでした。「あったほうがいい係」を，「効率よく」や「仲間のため」にという視点で見直し，工夫しながら取り組ませることでした。

当番活動や係活動のシステムを考える際に意識していたことは，

> 仲間に貢献することが自らの喜びとなる

という経験をどのように積ませるかでした。これは，学校行事では比較的実現しやすいです。より多くの経験を積ませるためには，日常活動，授業の充実が不可欠です。そこで，当番活動に目立たなくても丁寧に取り組む生徒を学級通信でも意図的に取り上げて称賛してきました。

ある年，当番を決定した後で，以下のように語ったことがあります。

> 「学級の組織も決定しました。それぞれに役割があり，責任を果たすことで集団というのは形づくられ機能していく。いわゆるチームなのです。しかし，私はこの分担だからこのことしかしない，ということがチームとしてあったらどうでしょうか。いかなるスポーツでもそれでは勝つことはできません。もちろん，自分のポジションには責任をもつ。その上で，仲間のプレーを支える。これでこそ，チームは機能し，強いチームになっていくのだと思います。いくら力があっても，自分さえよければいい，という人が大勢いるチームは勝てないのは理由があるのです」

「誰かが学級をよくしてくれるだろう」「誰かが意見を発表するだろう」という人任せで受け身な態度ではなく，自ら学級のために主体的に行動する生徒に育てたいと願ってきました。当番活動や係活動はそのきっかけとして大切にしてきました。

生徒一人一人が仲間との協同の過程で成長し，その総和として学級が成長するというのが私の抱く成長イメージです。そのために，生徒が主体的に動けるようなシステムをつくるのです。生徒が動きやすくなるということは，それだけ行動を認める機会が増えるということです。

ただし，「システム」を「マニュアル」ととらえてしまうと，やり方を示して終わりということになりかねません。システムはマニュアルではありません。

> システムは常に修正・改善の対象である。

このことを常に念頭に置くことが必要です。生徒と試行錯誤を繰り返し，よりよいシステムを求めていく姿勢が教師には必要なのです。

2 実践例

(1) 清掃当番で生徒の主体性な姿を引き出す

清掃場所は年度当初に各学級に割り当てられます。おそらく一般的には自教室，廊下に加えて特別教室などになると思います。

そこで，次のような工夫をします。30人の学級を想定しています。

《工夫1：ペアをつくる》

　清掃場所は，自教室，廊下（トイレ含む），特別教室であるとします。3つの清掃場所が割り当てられていれば，3つのチームに分けます。左表は便宜上10名ずつに分けてあります。清掃場所によってはこれより少なくなることもあるでしょうし，多くする必要も出てきます。3つのチームに分けたら，さらに左表のように2名ずつでペアを作ります。30人ですから15ペアができます。学級の人数のバランスによりますが，私は男女のペアを基本としてきました。二人に仕事を割り振るので，手を抜くともう一人にも迷惑をかけるという意味で個人の責任が生じます。お互いの仕事を見合うので，チェックする機能も果たします。

教師は，清掃も学級や学校をよりよくするためにチームで行うことを事あるごとに強調します。私は実践しませんでしたが，清掃チームに自分たちで名前を付けてより所属感を高めるという方法も考えられます。清掃は学級・学校のために貢献することを学ぶ場でもあります。

《工夫２：１日ごとに仕事を変える》

　仕事内容をすべての生徒がある程度平等に取り組めるようにすることが重要です。例えば，ほうきをある生徒やある班で１週間固定するとします。同じ作業を１週間続けるとどうしても飽きがきてしまいます。また，「あの人ばかり，楽な仕事をしている」などと不満をためることにもなりかねません。

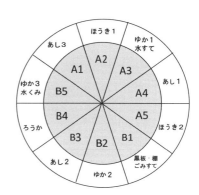

　そこで，右のような分担表を作成します。チームＡとチームＢで教室清掃である場合です。ポイントは色の付いた部分を回転させ，１日ごとに仕事を変えるようにしていることです。ほうきをしたら次の日は別な仕事になるようにします。こうすると，生徒の不満はたまりません。仮に負荷の高い仕事であっても次の日は別な仕事になるのですから，やろうという気持ちにもなります。しかも，１週間あれば，すべての仕事を一通り経験することになります。慣れてくると，どんどん清掃の時間が早くなっていきます。

《工夫３：清掃の手順，仕事内容を明示する》

　誰が何をどのようにするのかを明確にすることです。次ページのような一覧表を作成します。年度当初の学級開きの時間を使って，内容を確認しておく必要があります。その際，実際に教師がやってみせて仕事のイメージをつかませることが重要です。どのような清掃がいいのかを明確にしておくことは，生徒をほめる基準を明確にしているのと同じです。

　やることが明確であるからこそ，やっている生徒とそうでない生徒が明確になります。教師側から見ても指導がしやすくなります。

《工夫４：あの手この手で生徒の姿をフィードバックする》

　学級担任は自教室の監督をすることが多くなります。特別教室の清掃を時々見に行くことも重要です。さらに，清掃担当の先生から，情報を聞くことが重

教室清掃の手順

	ほうき1	ほうき2	ゆか1	ゆか2	ゆか3	黒板・棚	あし123	ろうか
清掃開始					バケツに水を入れる			
	1列になって蛇のように掃く		雑巾を絞る			雑巾を絞る	雑巾を絞る	掃いた後ろから雑巾で拭いていく
			3マスずつ1マス重なるように2回拭く			黒板・棚・黒板消しをきれいにする	机とイスの脚を2列ずつ拭く	
	机・イスを運んだところから掃く		机とイスを運ぶ			机・イスを運ぶ	机とイスを運ぶ	
	1列になって蛇のように掃く		3マスずつ1マス重なるように2回拭く			黒板下をきれいにする	机とイスの脚を2列ずつ拭く	窓のレールを拭く
	後ろのドアレールを掃く	前のドアレールを掃く	雑巾を洗う					
	ゴミを集める	集められたゴミを取る	バケツの水を捨てて雑巾をかけるバケツを片付ける	机とイスを並べる		ゴミを捨てに行く	机とイスを並べる	雑巾を洗う
清掃終了	振り返り司会							

要です。担任から意識して聞くようにするとよいと思います。そのうち，担当の先生の方から「○○さん，清掃すごくがんばるようになったね」とか「○○さん，少し表情暗かったね」のように話しかけてくださるようになると思います。

聞いた情報は，朝の会や帰りの会で全体にフィードバックしたり，個別に「A先生が，すごく清掃がんばっていたとほめていましたよ」などと声をかけたりします。当然，学級通信にも掲載します。以前は，保護者に簡単なお手紙を渡すこともしていました。

> （例）今日，○○さんがとっても清掃をがんばって取り組んでくれました。A先生がすごく喜んで私に伝えてくださいました。お家でもがんばりを認めていただけるとうれしいです。

このように，清掃に真剣に取り組むことが価値があるのだということをあの手この手でフィードバックします。ポイントは，清掃に真剣に取り組むことは，学級・学校をよりよくすることに貢献しているのだという意識を高めることです。自分がやっていることの価値を実感するからこそ，生徒は主体的に行動するのです。価値づけするのは教師の仕事です。

《工夫５：教師も一緒に清掃する》

　最も重要です。結局，システムは枠組みだけではありません。それを運用する人とセットで考えないといけません。担任もシステムの一部であるということです。中学校では，清掃監督という呼び方をすることがあります。この言葉からは，「一方的に指示する人」をイメージしがちです。私の実感ですが，生徒と清掃を一緒にしてみることが最も教育効果が高いと感じます。「清掃をさせる」のではなく「清掃を一緒にする」のです。清掃を一緒にやってみると，目立たなくても丁寧に仕事をしている子がよくわかります。

　清掃を一緒にしているからこそ，清掃の大切さを語ったときに，生徒に届くのだと思います。一緒に清掃せずに単に指示をしているだけの教師に「清掃を真剣にしなさい」と言われて，清掃をする気になるか，ということです。私にとって清掃当番のシステムづくりは，これ以外の場面でも生徒の立場にたってシステムを設計するきっかけとなりました。

　例えば，清掃時に私語が多く仕事が進まなかった日の帰りの会で，次のように清掃の価値を語ったことがあります。

> 「清掃というのはその人そのものが出ると思います。清掃を適当にしている人は何をしていても適当にする。清掃を黙々と地道にできる人というのは，部活でも勉強でも地道に努力できる。だから，清掃を見ていると，部活動や委員会でのその人の取組が見えます。今日の清掃を見ていると，清掃を，見返りのない，面倒な活動の一つと考えている人もいるのかもしれません。確かに単調な仕事も多く楽しいことではないと思います。私は，みなさんと一緒に清掃をしていて思うのは，清掃をするということはクラスに貢献することであり，自分を磨くことであるということです。今自分がしていることにどれだけの意味を見つけられるのか，これがその人の成長を規定すると思います」

　清掃については，有名な「イエローハット」創業者の鍵山秀三郎さんのお話，新幹線の清掃で世界にも認められる「テッセイ」の話，などエピソードは探せばいくらでも見つかります。これらのエピソードを紹介しながら清掃の価値を

語ることもできます。

　自戒を込めて言いますが，エピソードを語ることができるのは，教師自身が清掃に真剣に取り組んでいることが前提にあることを忘れてはいけません。

(2) 創意工夫のある活動を学校行事で組織する

　先に述べたように，創意工夫のある係活動は時間の確保の難しさから，継続することはきわめて困難です。そこで，学校行事と関連付けることで生徒が主体的に活動を企画することを試みました。

　学校行事というと，各学校によって様々な係があるでしょうが，一般的には体育祭では応援リーダー，合唱コンクールでは指揮者や伴奏者といった生徒を中心に活動が進むことが多いと思います。よくあるのが，一部のリーダーだけが盛り上がってしまう状況や，リーダーに頼って自分からは行動しなかったり練習に対して前向きになれなかったりする状況です。私はこれまで，フォロワーの生徒が，自分にできることを企画し実行していく，そんなダイナミックな動きをつくりたいと試行錯誤してきました。

　以下に紹介するのは，合唱コンクールでの実践です。合唱コンクールはとかく音楽が得意な生徒を中心に活動が進みがちです。合唱が得意でなくても，学級に貢献したいという生徒もいます。こうした生徒の思いをなんとか具体的な活動として実行に移せないか試行錯誤した実践です。

《工夫1：目的と思いを語る》

　練習が本格的に始まる前に，担任としての思いを語りました。

> 「合唱が得意な人もそうでない人もいます。得意ではない人はやっぱり活動に消極的になってしまうし，なかなか一体感を感じられないかもしれませんね。ですが，合唱をつくるのは音楽が得意な人ではありません。全員で創り上げることに意味があるのです。一人一人が『合唱コンクール』に向けて学級のためになる，よりよい合唱をつくるために貢献することはできます。体育祭では，全員がいずれかの係に所属して活動してきましたね。合唱コンクールにはどう

してもなくてはならない係はありません。指揮者・伴奏者・パートリーダーが最低限いれば練習はできます。例えば，盛り上げるために何か企画を立てて，やってみたい人を募って，実行してみる，のように自分たちで係活動を立ち上げることができますね。『誰かがよくしてくれるだろう』じゃない，『自分がよくするんだ』そんな意識をもって合唱コンクールの練習に取り組みたいですね」

係活動について生徒に提案しました。もちろん，強制ではありません。立ち上がればそれはそれでいいし，仮に何も動きがなくてもそれはそれでいいと考えていました。生徒が自分たちに必要なものを考えて実行することに価値を置きました。

《工夫２：思いが湧いた時点で係活動立ち上げの手順を示す》

語りの２，３日後に，女子生徒Ａさんが日記に次のように書いてきてくれました。Ａさんは，どちらかといえば音楽が得意で合唱にも前向きに取り組みたいと考えている生徒です。

> 今私は，合唱は大好き，クラスももっとよくしたい！　そんな思いはあるものの，何をしたらよいかモヤモヤしている感じです。合唱コンクールに本気になっていない証拠だと思います。
>
> 現に「係を立ち上げたい」と言いつつ，思いつつ，まだ行動できません。自信がないというか，方法がわからない……というか。一生懸命に考えてはいるのですけど，誰が手伝ってくれるかもわからずして……。そんな自分に悲しくなりつつ，どうにか「行動」したい，という状態にあります。

この日記を学級通信に掲載することをＡさんに許可を得て，私のコメントとともに紹介しました。

> コメント：あなたが一歩踏み出せば，周りで応える人は必ずいる。そういう関係を４月から築くことを目指してきたじゃありませんか。全員じゃないかもし

> れない。だけど，「それいいね」って言う仲間が必ずいる。あとはあなた次第です。ただ今私はこうやって考えていてくれるＡさんに感謝の気持ちで一杯です。ありがとう。

　係活動はこんな手順で行います，と教師から提示することもできます。今回は取り組んでみたいという思いを醸成してから手順を提示しました。次のような手順です。

> ① どんな活動をしたいかを考える。
> ② 考えた人を中心に仲間を募る。
> ③ どんな活動をするための係なのか，学級にわかるように企画書を提案する。
> ④ 朝の会，または帰りの会で提案し，仲間の承認を受ける。
> ⑤ 企画書を背面黒板に掲示する。
> ⑥ 活動状況を随時学級に伝える。

　この手順は，主として小学校で数多く実践されている「会社活動の立ち上げ方」を参考に，実態に合わせて作成しました。

　Ａさんは早速次の日に企画書を作成して，提案しました。合唱コンクールまでに全員で歌った回数を記録していくことでモチベーションを高めたいと企画の趣旨を説明し，承認を得ました。Ａさんを中心に２名が加わって，３名の企画が立ち上がりました。

　この企画が立ち上がったことを機に，合唱コンクールまでにみんなのがんばりを一覧にしたものを作成したいという生徒や，背面黒板の一部にみんなの気持ちが高まるようなイラストを描きたいという生徒が出てきました。

　結局，創意工夫のある活動は，生徒が「学級をよくしたい」「合唱コンクールを成功させたい」と強く目的意識をもったときにしか生まれないのだと思います。最初は少数かもしれませんが，思いが湧いた生徒の背中を押し，その活動の価値を全体に伝え，意味付けることで，さらなる活動が生まれるのだと思います。

(3) 係活動の活性化にはチェックの機能が欠かせない
　最初に失敗例を紹介します。ある年の学級通信の一部です。

> 　授業に行ったら，前の時間の授業の板書が残ったままでした。少し早めに教室に行ったので，何も言わずに消し始めました。実は，当番の生徒が消すのを忘れていたのでした。私が消しているのに気づいた生徒が慌てて前に出てきて「先生，私たちがやります」といって，消してくれました。もちろん仕事を忘れることは誰にでもあることです。
> 　授業開始になって，黒板が消されていないと困るのは誰でしょうか。
> 　・授業をする先生
> 　・授業を受ける人
> 　要は教室にいる全員ということです。忘れることは誰にでもあります。当番はその人が忘れていると全員が困ってしまうのです。仕事に責任をもって取り組んでもらいたいです。ただし，誰かが仕事を忘れていたら，「黒板消さないと」という一言をかけてあげる優しさがほしいとも思います。

　日直が黒板を消すというシステムをとったこともありました。この年は，日直以外に黒板係を設けました。黒板係の仕事も以下のように細分化しました。
　1限後（　Aさん　）（　Bさん　）
　2限後（　Cさん　）（　Dさん　）
　3限後（　Eさん　）（　Fさん　）

　当番表も掲示していました。したがって，黒板が消されていなければ，誰が忘れているのかは明らかな状況でした。しかも，仕事は二人に割り振っています。これは，一方が忘れていても，もう一人が気づいて声をかけて仕事に取り組むことができると考えたからです。
　さて，システムが機能しているとはいえないこの状況を改善するためにはどのような工夫が必要だったのでしょうか。

《工夫1：最終的に誰がチェックするのかを明らかにする》
　最終的に二人とも仕事を忘れるという状況を想定しておく必要がありました。

そこで，日直を一日の学校生活の責任者にしました。間違えてはいけないのは，注意をするための役割ではないということです。中学生に注意をし合わせるというのは，想像以上に負荷の高いことです。指導するのは教師の仕事です。日直は，あくまで点検して，もし忘れていたらその仕事を代わりにやるという意味での責任者です。最初のうちはぎこちないですが，生徒同士の関係性ができてくると，自然と日直から「○○，黒板忘れているよ」という声が上がるようになります。結局，やらないと自分が困ることになるからです。

　こうした声が聞こえてくると，私は声をかけた生徒の表情を見ます。このとき，笑顔で伝えているかどうかが重要です。笑顔で伝えられると，やらないといけない気持ちになります。システムも重要ですが，結局，係活動を活性化させるためには，日常の人間関係づくりに帰着するのです。

《工夫２：必要な仕事を生徒に考えさせる》

　クラス替えのあった４月。様々な学級の生徒が集まってきます。中学校では学年で統一して係活動や当番活動を設定している場合が多くあります。しかし，学級担任によってその運用の仕方に差があるのが普通です。４月に教室に集まってきた状態というのは，当然，様々なシステムが混在している状態です。

　そこで，次のような流れで一日の仕事の流れを共有しました。

① 「クラスでみんなが心地よく過ごすために絶対に必要な仕事」「なくても困らないけど，あったほうがいい仕事」という視点で昨年のクラスを振り返って，付箋に書き出させる。（前者は当番活動，後者は係活動になる）
② 付箋をグループで持ち寄って，朝の会から帰りの会までの時系列に並べさせる。
③ グループで整理したものを見合って，一日の流れをまとめる。
④ 仕事内容が決まったら，人数配分を確認する。
⑤ 次の日に割当を決定することを告げ，どの仕事がいいか決めておくように指示する。

《工夫３：進捗状況を可視化する》

仕事分担表を掲示します。その脇に仕事の進捗状況が学級全員にわかるように工夫します。例えば，ホワイトボードを２分割します。

任務中	任務完了
渡部	

仕事が完了した段階でネームプレートを左から右に移動させます。進捗状況を可視化することは，やらないといけないという気持ちにさせます。帰りの会で，「今日も自分の責任を果たしてくれてありがとう。一人一人が責任を果たすことで過ごしやすい教室になっていくのですね」と全体にフィードバックすることもできます。仕事をやらないことを注意する前に，やった生徒を承認・称賛するためにも必要なツールです。

係活動や当番活動を活性化させるためには，

システムに生徒同士の関係性をよくするという視点をビルトインする

ことが重要であると考えます。そして，システムが機能しているかしていないかの私の判断基準は，注意したい気持ちが強いか，称賛したい気持ちが強いかを自分自身に問うことです。

【参考文献】
・向山洋一『学級を組織する法則』明治図書，1991
・TOSS岡山サークルMAK『子どもたちが自ら進んで動く掃除システム作り小事典』明治図書，2007

（渡部　智和）

一人一人の責任感と仲間とのかかわりで学級を動かす

1 目指す学級像と基本的理念

　10回の学級担任の中で一つとして同じ学級はありません。生徒が違えば，そこで巻き起こる物語も違ってくるし，何より私自身の指導も違ってきます。直接的な指導でうまくいくときもあれば，うまくいかないときだってあります。

　しかし，今思い返してみると，指導の仕方は違えど，常に理想の学級を目指して指導を継続してきたように思います。それは，

①　自分たちの学級は，自分たちで築いていける学級
②　仲間と助け合って，団結力を高めていける学級

の2つです。

　①は自治的集団とも言い換えられます。様々な学校行事や学級の課題を克服しながら，生徒自身が自分は学級の一員であるという自覚をもち，最終的には学級のために自分で考えて動けるようにすることが理想となります。

　②は奇跡的に同じ学級になった仲間の良いところも，悪いところも，互いに認め合って，勉強や行事など何事もみんなで乗り越えられる学級を築いていくことが理想となります。

　最初からこのような学級になるはずはなく，また，すべてを生徒任せにしても学級は成長しません。そこには，理想をもって学級を少しずつでも成長させていけるような仕掛けをしていくことが必要ではないかと思っています。

　では，そのような学級にしていくためにはどのようにすればよいのでしょうか。

　私の学級システムは，一人一人に責任をもたせることです。そして，ペア，

小グループなどを多用し，様々なかかわりを増やすことです。

「学級には自分の仕事があり，それをしないと学級のみんなに迷惑がかかる」という認識をもたせます。毎日の生活の中にでも，行事の中にでも，この「責任」を生徒にもたせるようにします。

ペア，小グループは毎日の生活の中で，必ず実践しています。コミュニケーションが苦手な生徒が多くなっていると言われています。うまくかかわれない生徒もいるのが現状です。しかし，かかわる量が不足しては，決してかかわる質は高まらないと思います。ペアを様々に変え，短時間で，継続してかかわる活動の積み重ねが，集団としての力を付けていくことに必要だと考えています。

「一人一人の責任感」と「かかわりの量」を学級に仕込みながら，毎日の学校生活を送らせることで，理想の学級に成長させたいと願っています。以下，私の実践を紹介させていただきます。

2 私の学級システム

(1) 事前に学級の運営方法を生徒に示す

新しく入学してきた1年生だろうと，中学校を2年間経験してきた3年生だろうと，新しい仲間と始まる新学期は新鮮なものです。誰もが新しい学級の仲間と担任に期待をもって登校してきます。

私たち教師はその思いに応え，生徒が学習にも行事にも部活動にも，全力で取り組めるような環境を整えることが必要だと考えます。

学級の組織のあり方は，指導者の数だけ存在すると思います。十人十色の行い方があり，それぞれが経験と実績に裏付けられた方法だと思います。

どんな方法であっても構いませんが，私はそれを事前に生徒に示し，生徒が担任の方向性や自分たちのやるべき姿を見通せるようにしておくことが必要だと考えています。

次の資料は，私が4月当初に事前に生徒に配付し，一つ一つ確認しながら読み進めていくものです。

```
3年1組　学校生活確認事項
目的:『学校生活がスムーズにスタートできるようにしよう！』
～みんなが早く学校生活になじめるように～
1 教科担当の先生の紹介
 国語:(　　)先生　数学:(　　)先生　社会:(　　)先生
 英語:(　　)先生　理科:(　　)先生　美術:(　　)先生
 音楽:(　　)先生　体育:(　　)先生　技術:(　　)先生
 家庭科:(　　)先生

2 各係の具体的活動
全員の目標:①自分の仕事に責任をもとう！　②自主的に活動しよう！
```

係	主な仕事内容
国語(2名) 数学(2名) 理科(2名) 社会(2名) 英語(2名)	次の日の教科連絡を行う。 ※　授業が終わり次第、すぐに次回の予定を聞くこと！ ※　終学活後に連絡黒板に記入する！ ・教材・教具の準備 ・教材・ワークの回収
音楽・美術・技家(2名) 体育・総合・道徳・学活(2名)	
整美(3名)	・終学活後の教室整備(机・椅子の整頓、清掃) ※日直と協力して行う。 ・清掃なしの日の簡単な清掃　・動植物の世話
給食準備(2名)	・配膳台の台拭き ・時間意識の呼びかけ
掲示(2名)	・掲示物の管理(はがれていたら直す、いたずら等がないか) ・週予定掲示　・掲示物の作成
黒板(2名)	・背面黒板の管理 ・授業前後の黒板整備
レク・呼びかけ(4名) ※できれば男女比2:2	・学級の生活態度チェックや呼びかけ (チャイム着席、移動教室など)
集配(4名)	・マスターライフ、自主学習ノートの回収、配布 ・集配物の回収 ・レターケースの中の配布物を終学活で配る

```
3 生活マニュアルの確認　(※別紙参照)
・○○中学校の先生生徒として3年目！『時を守り、場を清め、礼を正す！』の徹底は
大丈夫ですよね！？

4 清掃場所の確認と清掃の仕方
・今年も無言清掃を行う。
・13:35になったら清掃場所へ行き、今日の仕事分担を確認してから正座で待つ！
・割り振りは後日、学級掲示します。

5 日直の確認　※2人制とし、1日交替していく。
```

■日直のお仕事
・司会…朝学活と終学活の司会進行。
・スピーチ…朝学活と終学活でのスピーチ。
・日誌…学級日誌を取りに行き記入する。(朝7:55までに取りにいく)
・給食…給食前後のあいさつ。
・消灯と窓しめ…教室移動がある場合や終学活後などの電気の消灯。
・整備…終学活後にネームの張り替え。整備係と協力して教室の机、イスの整頓、
窓閉め、カーテンを束ねる。

■朝の司会の進行
①朝のあいさつ「これから朝学活を行います。朝の挨拶をします。級長お願いします。」
(「起立」「気を付け」)(動きが止まったら)「おはようございます。」
②出席確認と健康観察「出席確認と健康観察を行います。吉田先生お願いします。」
③今日の予定「今日は平常授業○時間です。　　　　　があります。」
④係や委員会からの連絡「係や委員会から何か連絡がありませんか。」
⑤朝のスピーチ「(テーマに沿って、自分の考えたことを15秒程度でスピーチする)」
⑥今日のクラスの目標「(目標を言う)」
⑦提出物の回収「提出物を回収します。後ろの人は回収お願いします。」
⑧先生のお話「吉田先生お願いします。」

■終会の司会の進行
①あいさつ「これから終学活を始めます。マスターライフを開いて、今日の感想を記
入してください。(2～3分後)級長は号令お願いします。」
②黙想「黙想を行います。背筋を伸ばして、手をひざの上においてください。黙想はじ
め！(20秒)やめ！」
③授業連絡「明日の授業連絡をお願いします。」
「1限　　、2限　　(各授業担当が連絡する)
④諸連絡「係や委員会からの連絡はありませんか。」
※金曜日のみ追加「給食当番は白衣を持ち帰ってください。次の給食当番はマスクを
忘れずに持ってきてください。」
⑤今日の目標への反省「(クラス目標が達成された人は手を挙げてください！)」
※未達成者と自分の感想を言う。)
⑥日直からの反省「よくできたです。明日の日直に引き継ぎたいと思います。明日の
日直は○○さんです。」OR「忘れていた仕事があるので、明日もう一度、日直を
頑張ります。」
⑦先生のお話「吉田先生お願いします。」

【注意点】
(1) 司会ははきはきと『3の声』で堂々と話しましょう！
(2) 聞く方は、顔を上げて自分の作業をストップ！司会者の声に耳と体を傾けよう！
(3) スピーチは事前に考えておき、15秒程度で話せるようにしましょう！

　学級の組織を生徒と話し合い，決めていくという方法もあります。しかし，中学校では始業式が終わるとすぐに授業がスタートし，委員会活動や部活動，学校行事など，様々な活動が休む暇なく押し寄せてきます。

　したがって，できるだけ早く学級組織をつくり，落ち着いた環境を整備することが必要になります。何をしていいかわからないような状態の中では，次から次へとやってくる変化に生徒が対応できないのは当たり前です。

　「吉田先生の学級はこのようにスタートする！」と生徒に伝えます。昨年度までのやり方とは違う生徒もいますが，すぐに生徒は慣れていきます。また，事前に吉田学級方式でスタートする理由も生徒たちには話をします。

　「今までのやり方とは違う生徒もいるでしょう。もしかしたら少し窮屈に感じる生徒も出るかもしれませんね。でも，すぐに授業がスタートし，委員会活動や部活動も始まります。中学生は本当に忙しいよね。みんなも息つく暇もなく，時間が過ぎ去っていきます。だからこそ，先生は少しでも学級に慣れて，

みんなが同じリズムで学校生活を送ってほしいと願っています。
　学級のやり方にはいろんな方法がありますので、まず、先生のやり方で1か月間進めてみませんか？　1か月後にみんなに今のやり方でいいのか、もっと変えたい部分はあるのか聞きたいと思います。そこで、たくさんの意見を出してください。それでいいでしょうか？」

と語ります。ここで嫌だという生徒にはまだ出会ったことはありませんが、もしいたら、個別に話を聞き、その生徒の言い分を理解してあげる機会を設けてあげればいいと思います。そして、その中の一つでも共感し、学級システムの中に組み入れてあげればいいと思います。

決して、独裁的に学級システムを提案するのでなく、あくまで生徒にとってプラスの面があること、そして、ゆくゆくは生徒自身の手に学級の進め方が委ねられることを生徒に伝えます。

生徒はやらされることには反発するときもありますが、自分たちで好きにやってよいことには反発しません。

最初に教師主導の進ませたいレールがあれば、それを行うメリットを伝えるとともに、そこからの改善策は話し合いで決めていこうというスタンスを生徒に語ることで、リレーションを保ちながら、ルールを確立していくことができるはずです。

1か月後の学級組織についての話し合いの仕方も以下に示します。

学級組織についての話し合いの進め方

1．教師の語り
「〇組がスタートして1か月が過ぎました。少しでも学級に慣れてきましたか？　今日は、今の学級の進め方についての話し合いを行います。よりよい学級にするために感じていることを伝え合って、今後の方法を決めていきましょう」

2．今までのやり方のよさ・改善点を出し合う

※「係活動について」「当番活動について」「朝学活・終学活について」など，項目立てをしておいてもよい。
①個人でよさ・改善点を考える。
②グループで発表し合う。
③全体発表し，改善点を絞る。
④絞った改善点について，再びグループで改善策について話し合う。
⑤全体決定する。
3．先生の話
　「素晴らしい話し合いでした。自分たちでこの学級をよくしていきたいという気持ちが伝わってきました。よいところは継続していきましょう。今日決まった改善策は，みなさん自身が決めたことです。みんなで協力して責任をもって行っていきましょう。それでもうまくいかないことが出てくるかもしれません。そうしたら，またみんなで今日みたいに話し合って決めていきましょう」

　このような話し合いを行い，1か月間でのよさや改善点を出し合います。改善策も自分たちで決めさせ，次の日から自分たちで実行させます。

・「まずやってみて」
・「うまくいってもそうでなくても，みんなに今の状態を聞いてみて」
・「みんなで改善策を決めて，再びやってみる」

の繰り返しでいいのではないでしょうか。この繰り返しにより，生徒は自分たちの学級を自分ごとのようにとらえていくはずです。
　失敗したって，改善していけばいいのです。

(2) 係は細分化，グループによる当番制
① 一人一係制度
　大抵の学級には係が存在し，それぞれが仕事を果たすことで学級組織が円滑に動いていきます。私の場合，係は一人一仕事制になるようにしています。実

際には仕事内容によって2〜4人のペア,小グループになっていますが,必ず一人一人に仕事があり,それを怠ると学級の活動が滞ってしまう状態になっています。

以下の表は,生徒に示す係名と人数,主な仕事内容です。

係	主な仕事内容
国語（2名） 数学（2名） 理科（2名） 社会（2名） 英語（2名）	・次の日の教科連絡をする 　※授業が終わり次第,すぐに次回の予定を聞くこと！ 　※終学活前に連絡黒板に記入する！ ・教材・教具の準備 ・教材・ワークの回収
音楽・美術・技家（2名） 体育・総合・道徳・学活（2名）	
整美（3名）	・終学活後の教室整備（机・椅子の整頓,清掃） 　※日直と協力して行う。 ・清掃なしの日の簡単な清掃 ・動植物の世話
給食準備（2名）	・配膳台の台拭き ・時間着席の呼びかけ
掲示（2名）	・掲示物の管理（はがれていたら直す,いたずら等がないか） ・週予定掲示　・掲示物の作成
黒板（2名）	・背面黒板の記入 ・授業前後の黒板整備
レク＆呼びかけ（4名） ※できれば男女比　2：2	・学級の生活態度チェックや呼びかけ 　（チャイム着席・移動教室など）
集配（4名）	・マスターライフ,自主学習ノートの回収,配布 ・集配物の回収 ・レターケースの中の配布物を終学活で配る

係を決めるときは，事前に存在する係名と人数，仕事内容を生徒に知らせます。黒板に係名と人数を書き，ネーム札を用意し，生徒自身にやりたい係のところにネーム札を貼らせていきます。
　既定の人数よりも多く希望者がいた場合は，

① 空いているところに移ってもいい人を聞く。
② いなければじゃんけんをし，負けた人が移動する。

を事前に生徒に話しておくことで，混乱がないようにします。
　また，ペアや小グループもあるので，仲の良い仲間同士になることもありますが，私は特に気にしません。この場合，「新しい仲間と交流させる」というねらいよりも，「一人一人が学級のために仕事をしている」「自分が学級のために貢献している」という価値を生徒に知ってもらうことのほうを優先しているからです。
　したがって，毎日の仕事をしっかりしていれば，折に触れてその行動を認め，称賛し，全員にフィードバックすることを繰り返していきます。
　時々，仕事を忘れてしまう場合もありますが，それによって困るのは自分たちです。それを伝え続けていくことで，生徒は自分の仕事を自覚し，自主的に係活動を行うようになっていきます。
　② **グループによる当番活動制度**
　係とは別に当番活動もあります。例えば，給食当番，日直当番，清掃当番などです。これは，６人程度のグループで回しています。班長を一人決め，当番活動にあたらせています。
　座席を基本グループとしていますので，当番の分担や確認などは，短時間で顔を合わせて行うことができます。また，学活などの時間において，この当番活動グループを基本に，様々な活動を仕組んでいきます。
　グループ間の協力を通してコミュニケーション力を高め，当番活動が円滑に進むように土台を築いていくのです。
　また，グループが結束して１か月を過ぎたあたりで，グループのよいところ

や課題を出し合い，その後の活動における目標決めを再度行うようにします。
　以下は，4月当初のグループ立ち上げから，席替えによる新しいグループ編成までの流れになっています。

① 座席でグループを指定する。
② グループで行う活動を知らせる。
　「今，指定したグループでこれから様々な活動を行っていくことになります。例えば，給食当番です。誰が何を運んで，誰が何を盛り付けるのか。みんなが平等に，不平不満がでないようなやり方で行うのがベストですが，それもそのグループに任せられています。また，いろんな授業の中でグループ活動があるかもしれませんね。それぞれが責任ある行動をして，その活動が成立することでしょう。
　したがって，このグループはみんなの学校生活がうまくいくかどうかにかかわってくる大切な集団となります。一人がわがままを言ったり，仕事をしなかったりすると，その他のメンバーがその責任を被ることになります。
　この後，役割分担を行ったり，目標を立てたりしますが，一人一人がグループに貢献できるようにがんばりましょう」
③ グループ内で役割を決める。
・班長：グループをまとめ，話し合いを進行する。
・副班長：班長を助けたり，話し合いの結果を発表したりする。
・書記：話し合いの内容を記録したり，道具の準備をしたりする。
・盛り上げ：活動や話し合いなどを積極的に盛り上げる。
④ グループ目標を決める。
⑤ ポスター作製をする（教室内に掲示する）。
⑥ 中間評価を行う（グループ発足から1か月後）。
・グループのよさ，課題を出し合う。
・課題を絞り，解決策を考える。
・残りの期間にグループとして取り組みたい目標を決める。

⑦　最終評価を行う。
　・グループのよさ，課題を出し合う。
　・仲間のよかったところを出し合い，伝え合う。
⑧　新しいグループを発表する（新しい座席発表）。

(3) 朝学活，終学活を活用したグループトーク

　朝学活，終学活はどの学校もそれぞれ10分程度だと思います。朝学活は健康観察や一日の連絡事項，注意点など，教師主導で話すことが多くなってしまいます。ほとんど時間がなく慌ただしく過ぎてしまいがちです。また，終学活も翌日の連絡や一日の反省など，あっという間にチャイムが鳴り，放課後活動へと移っているのではないでしょうか。

　たかが10分ですが，朝学活と終学活両方合わせて1日20分。1週間で100分。1か月で約500分……かなりの時間を生徒と過ごすことになります。

　この時間を「連絡が多いから先生が話す時間，生徒は聞く時間」と割り切ってしまうのはあまりにももったいない気がしています。

　そこで，私は月曜日（朝会が予定されている場合は火曜日）と金曜日には，生徒同士のグループトークを取り入れています。グループトークとは，教師から示されたテーマで互いに自分の考えを伝え合う活動です。

①　毎月の初めにグループトークのねらいを教師から語る。
②　月曜日の朝学活の場合：「週末の楽しかったこと」「今週がんばりたいこと」をシートに記入させる。
　　金曜日の終学活の場合：「今週あった楽しかった出来事」「今週がんばりたいことへの振り返り」をシートに記入させる。
③　班隊形になり，互いにシートを見せ合いながら発表する。
④　通常隊形に戻し，教師の話を聞く。

　このような流れで進めていきます。

朝学活・終学活進行マニュアル

【朝学活】

① 「土日にあった出来事」と「今週,頑張りたいこと」をシートに記入してください。時間は1分です。
② すばやく,静かに班隊形を作ってください。
③ じゃんけんをして一番勝った人から,発表を始めてください。
　 ルールを守って伝え合ってください。内容は掲示されているとおりです。それでは始めてください。時間は5分です。
④ 机を元に戻してください。各自のシートは所定の場所に掲示しておいてください。
⑤ 先生,お話をお願いします。

【終学活】

① 「今週あったうれしい出来事」と「今週の頑張りたいことへの振り返り」をシートに記入してください。時間は1分です。
② すばやく,静かに班隊形を作ってください。
③ じゃんけんをして一番勝った人から,発表を始めてください。
　 ルールを守って伝え合ってください。内容は掲示されているとおりです。それでは始めてください。時間は5分です。
④ 机を元に戻してください。各自のシートは所定の場所に掲示しておいてください。
⑤ 先生,お話をお願いします。

5月 「仲間の話を聴き,自分の考えを伝えられる人になろう」

( )年( )番 名前( )

週数	【月曜日】①週末の出来事 / ②今週「頑張りたい」こと	【金曜日】①今週あったうれしかった出来事 / ②今週「頑張りたいこと」への振り返り
1	① ②	① ②
2	① ②	① ②
3	① ②	① ②
4	① ②	① ②

朝学活においては，突発的な生徒指導による大切な話以外は，黒板に記入しておいたり，掲示しておいたりすることで十分対応できます。

終学活でもこのような活動があると生徒が理解していれば，6限後から終学活が始まる休み時間をうまく使うようになってきます。準備が遅ければ，自分たちの終学活が長引くだけですから，よいことはありません。

慣れてきたら，週ごとにテーマを変えたり，メンバーを入れ替えたりすると効果的だと思います。短時間であっても互いに自分のことを相手に伝え合ったり，承認されたりする時間を学級のシステムとして，意識的に組み込んでいくことで，誰とでもコミュニケーションがとれるようになり，聞く，話す態度も備わっていくのではないかと考えています。

しかし，やればいいというのではありません。重要なのは活動自体ではなく，

① その活動にどんなメリットがあるのか（価値）
② それを続けると，自分や学級にどんな力が付くのか（期待）
③ 今日の活動はどうだったのか（評価）
④ その活動を見て教師自身はどのように感じたのか（感情）

を，生徒に必ず伝えていくことが重要だと思います。円滑に進めるためには教師の励ましや言葉がけが，システムの裏側にあるのです。

3 教室をアクティブに動かすコツ

最初に述べた通り，同じ学級などありません。先生方それぞれが受け持たれている学級はすべて違い，同じ方法でうまくいくことなどないと考えたほうがよいのかもしれません。

しかし，それでも私は「教師が目指す理想を常に見失わず，結果が出ないような状況であれ，継続によってこそ報われる」と信じて実践していくことが大事だと思っています。

また，それぞれの活動がなぜ大事なのか，それを行うことで生徒にはどのよ

うな力が付くのかをしっかりと語り，活動したら必ず肯定的な言葉がけと励ましを生徒に返し続けていくことが重要だと考えています。私は，「教室をアクティブに動かすコツ」は，

> ① 「継続は力なり！」1回の実施でうまくいくほど，学級経営は簡単なものではない！
> ② 生徒には価値を伝え，未来へのビジョンをもたせる！

だと思います。どんなシステムであれ，以上の2点をしっかりと押さえることが，学級が円滑に機能するための鍵であると信じています。

　なかなか一筋縄ではいかない学級も多々あります。先生方も試行錯誤しながら，学級が機能するための方策を毎日考え，実践していることと思います。今，それぞれの先生方が感じている熱い思いを生徒にしっかりと伝え続け，生徒の小さながんばりを認め続けられる取組こそが，学級を成長させるための確かな方法なのではないでしょうか。

（吉田　聡）

11 担任不要の学級システム

1 目指すクラスとその実現のためのシステム

「4月に学級がスタートし，3月にゴールする」。基本的に学級担任は1年勝負の学級づくりを行います。3月のゴールを見据え，様々な仕掛けを試み，生徒たちは3月に進級，進学をしていきます。私は運よく新任1年目の3学期から担任をさせてもらう機会に恵まれました。しかし，自分が

満足いく理想のクラスは今だかつてできたことはありません。追い求める理想と現実との間で右往左往し，日々の業務に追われ，様々な言い訳をつくり，なんとか一年を終えて次のステージへ送り出しているというのが現実です。そんなつたない実践ですが，これから紹介させていただきます。

私は今まで，学年3～4クラスの中規模校で勤務してきました。学年団による年度当初の話し合いで，クラスの係や給食当番などの係活動は学年横並びで統一されていました。基本的に3年間，係の名前や大まかな仕事内容は一緒です。家に例えると骨組みはどのクラスも一緒になります。しかし，学級づくりは生き物です。クラスの状態によって，係活動が機能している学級と機能しない学級が必ず出てきます。

若い頃を振り返ると，学年団の流れにそって学年がスタートすると，クラスが最初は，スムーズに動き出します。しかし，2学期から行事に追われ，日常の活動がおろそかになり，クラスの機能が低下していくのを毎回のように繰り返していました。その都度，担任として声はかけていくのですが，限界を感じ

ていました。
　読者のみなさんは気づいていると思いますが，担任がリーダーシップをとり，どんどん声をかけて動かしているクラスはやがて限界がきます。生徒たち同士で声をかけ合っていくようなシステムをもったクラスが，停滞せず一年間を終えていきます。
　河村茂雄氏は日本の学級集団の特徴として，「生活集団」と「学習集団」の機能を併せもつ集団だと述べています＊。つまり，学級のシステムを確立するには生活集団としてのシステムと学習集団としてのシステムの両方を確立しなければ，安定した学級づくりはできないのだと思います。
　理想の学習集団は生徒同士の協力はもちろんですが，教科担任とも協力して集団を高めていかなければなりません。私は，教科担任と自分との関係性も重要視しています。担任として各教科の授業の様子を把握することは必須です。

> 「〇〇先生，うちのクラスの授業どうですか」と聞くことが大切。

　クラスがよくない状態のときは，質問するのも億劫になりますが，勇気を出して聞くようにしています。また，日頃からそのような関係を教科担任とつくっていると，意外にも他の教科で怠けていた生徒が，その教科でがんばっていたという情報を入手できます。そのときはすかさず，ほめられたことを生徒に伝えます。

> 「〇〇先生が，△△さんの〜の姿に感心していたよ」

　生徒の特徴に合わせてですが，全体に伝えたり，個別にそっと伝えたりします。全体の場合は，他の生徒への相乗効果も期待できますし，個別の場合は，「自分を見てくれている」という本人の意識につながっていくのではないかと思います。学習へのモチベーションも上がっていくと思います。
　日常の生活集団を見ていく上で大切なのは，係活動に対する必要感が本人にあるかどうかだと思います。自分が係の活動を行うことで，クラスに貢献する体験，自分がさぼってしまったことでクラスに迷惑をかけてしまった経験。プ

第2章　教室がアクティブになる学級システム　147

ラスとマイナスの両方あると思いますが，どちらにしても，自分の働きがクラスへ何らかの形で影響が出るということを認識していくことが大切だと思っています。

 ## 私の学級システム

(1) 係の決定は投票で行う

　読者のみなさんは，学級の係をどのように決定しますか。私は学級担任になりたての頃は，希望の係を聞き，他の班と重なった場合は，代表者でじゃんけんをして決めていました。そのときの生徒たちは，係の仕事に対して「これがやりたいから」というよりは「こっちのほうが楽だから」という消極的な選択をしていたように思います。

　そこで，最近は以下のような手順で係を決めています。

> ① 班ごとに希望の係を話し合う。
> ② 希望の係への抱負を，前に出てきてクラス全体にアピールする。
> ③ 投票もしくは承認で係の決定……希望が重なった場合は投票，重なっていない場合は承認をとり決定する。

　②の際に，もともと決まっている主な係の仕事に加え，クラスの向上のためになる自分たちのオリジナルな仕事を1つか2つ入れ，PRをします。

　例えば学習係であれば，主な仕事を「教科の連絡を聞きに行く」だとするとそれに加えて，「学習のポイントコーナーを作成し，教科担任が授業で強調していた部分を書いて掲示する」を新たな仕事に付け加えます。そのことについてもPRし，クラス全体で投票（希望が重なった場合）もしくは承認（希望が重ならず単独の場合）をしてもらいます。PRの際には質問を受け，クラス全体にも内容を理解してもらう形をとります。

　全体にPRをしたので，投票で当選した班はそれを有言実行しなければなりません。少し，係の仕事を追い込んでやらせる形になっていますが，前向きに

係活動に向かうためにこの手順を踏んでいます。

　係はだいたい，学期に１回を目安に変わっていました。学年団で決めた係の主な仕事は一年間変わりませんが，だんだんとプラスαの仕事に班の独自性が見られるようになります。

(2) 定期的な振り返りを行う

　係活動もしばらくするとマンネリ化していきます。そこで，学期の真ん中あたりで振り返りを行います。

　ここで大事なことは，「自分たちの班（係）がクラスのために機能しているか」と「宣言したプラスαの取組を実行できているか」の確認です。

　順調に活動されていれば，そのまま続けていけばいいし，修正が必要であればどうしたらいいかを考えていく必要があります。

　「できれば係の仕事は誰かにやってもらいたい」「係の仕事

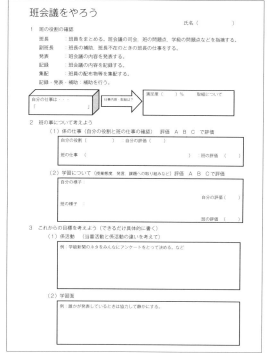

なんかめんどくさい」というのが生徒の本音だと思いますが，それを「一人一人の活動がクラスへ貢献している」ということを意識できるように仕掛けたいものです。

　また，個人の振り返りを行った後に，班ごとに話し合いを行います。その中で互いの仕事の遂行状態を確認し，学期の後半に向けて班として係活動をどう行っていくか決めることになります。この話し合いが生徒同士をつなげること

になります。

そして、最後に班の反省と今後に向けた宣言をクラス全体に向けてします。全体に宣言することで、責任が生じます。そのことがなかなか実現できなくても、生徒同士で声をかけ合いながら、よりよい活動につながっていくことが大事だと思っています。

(3) 行事をステップにする（自分たちで動く）

中学校の大きな行事といえば体育祭、合唱コンクールがあります。私は体育教師なので、体育祭の際には全体を運営しなければならず、クラスになかなかつけません。そこで、体育祭の活動が始まる前に以下のような話をします。

> 「これから体育祭の活動が始まります。活動が本格的に始まる前にみんなに話しておかなければならないことがあります。生徒の実行委員長は○○さんですよね。私は、体育主任なので先生方のまとめ役として、体育祭全体を見なくてはいけない立場なのです。
>
> 当然、○組だけを見ていくわけにはいけません。△組や□組も併せてうまく活動ができているか見ていくことになります。もちろん担任なので○組の活動は気になります。相談には乗ります。体育祭の活動の中で互いの意見が合わず、ぶつかることもあるでしょう。そのときは、互いの意見を伝えながら話し合いを重ねて最強の軍をつくってください」

最初は、隣のクラスの担任とは違う対応の仕方をする私に不満をもつ生徒もいます。しかし、体育祭本番まで日数を重ね、私が実行委員やリーダー幹部会へ指示を出す機会を重ねていくと、私のクラスのリーダーたちはあきらめ自分たちで動き出します。他の学年の担当教員もいるので、そちらの先生方に聞きながら試行錯誤

して団結していました。同僚の先生方にはいつも感謝の気持ちでいっぱいです。体育祭の活動は，教師がかかわりすぎるより見守るほうが，生徒たちは確実に動いているな〜といつも感じている瞬間です。

合唱コンクールへの取組は，活動が軌道に乗るまではたくさんかかわります。合唱活動では，男子が真面目に練習しない，フラフラする，声を出さない。そこで女子がイライラし始め男子と女子の仲が悪くなり，いがみ合いが起こるようなことが多いです。

私が意識していたのは，軌道に乗るまでは，どんどんかかわります。男子のパート練習に一緒に入り，声が出るようになるまでは一緒に歌います。また，練習が終わった後は下記のような流れで，パートリーダー，指揮者，伴奏者と一緒に話し合いを行います。

> 今日の練習の振り返り ➡ 互いのパートにアドバイスをする ➡ 次の練習に向けての課題決め ➡ 翌日の朝学活でパートごとの練習課題を全体に報告

最初は態度面の課題が主になりますが，だんだんと歌声の課題にシフトしていきます。そうなったら少しずつ話し合いを任せていきます。また，音楽の先生に合唱のポイントを聞きに行かせたり，下級生のときは，上級生の合唱がうまいクラスを狙ってリーダーに見学に行かせたりします。また，コンクールが近くなってきたら度胸試しで，合唱活動の時間内で上級生に聞いてもらったり，３年生を担当したときは下級生に聞いてもらったりします。

体育祭，合唱コンクールともに本番前日にやることがあります。それは，

> リーダーや幹部から今までの活動を振り返って話をしてもらう

ことです。

なぜ，前日かというと，当日は結果が出てしまい，そのショックで思うようなことを言えない生徒が多いからです。結果が出る前に自分たちの活動を振り返り，自信にさせてあげたいと考えこのような形にしています。リーダー以外の生徒にも「誰か言いたい人はいますか」と声をかけ，思いを語ってくれる生徒に話をしてもらいます。

　前日に涙する場面も多く見てきました。もちろん当日も話をしてもらいますが，結果にショックを受け気持ちが整理できず，一言「ありがとうございました」だけだったとしても前日に思いを語っていますので，生徒たちには気持ちが伝わっています。「結果が出なくてもがんばっていたのだからいいんだよ」という雰囲気です。

(4) 行事をステップにする（他者に目を向ける）

　行事では，

> 目標設定　⇒　実行　⇒　振り返り

の流れを大切にしています。

　振り返りのワークシートでは自分の振り返りはもちろんですが，他者に目を向けた振り返りを行います。書かれた後は学級掲示を行い，自分のことについて書かれている生徒は，クラスメイトからほめてもらうことになります。

　行事後は各自の掲示物を眺めている様子がたくさん見られます。生徒同士がほめ合うことによる効果を実感しています。

⑸　**行事をステップにする（体育祭作戦シートの活用）**

　下級生のときは，体育祭の団体種目についての作戦シートを作ります。各自が親や兄弟からポイントを聞いてきて，個人の情報を出し合い，班で共有し，軍の３年生に提出します。その作戦が採用されるかどうかはわかりませんが，下級生が，「自分たちも軍に貢献するんだ」という雰囲気ができ，種目練習にも積極的に参加するようになります。

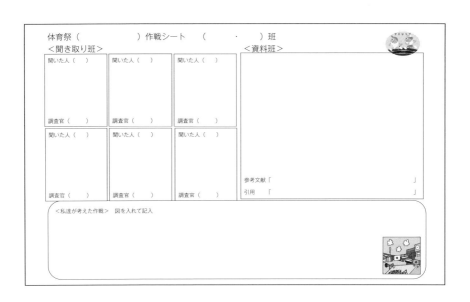

> - 2つの班が合同で体育祭の種目（大玉送り・綱引き・騎馬戦）の作戦を考える。
> - 合同班の中で，聞き取り班（各軍担当の先生や自分の兄弟，親，近所の人などに）聞き取り調査を行いまとめる。→自分が書いたものを切り取り貼り付ける。（時間も限られているので）
> - 資料班（インターネット・本など）は，1日，2日の昼休みにコンピュータ室を開放するので利用する。本は昼休みの図書館開放で探す。
> - 二つの調査班のものをまとめ，自分達が考えた作戦を図入りで作成し，遅くとも4日（金）の4時間目の体育祭練習の時に団長に渡す。早く終われば，早く渡してもよい。その際担任の点検を受けること。
>
> ## 自分達の考えた作戦が各軍の作戦に利用されるといいですね。
> ## 3 color with Infinity Power
> ### 〜Bestの団結力で燃え上がれ〜

(6) クラスの歩みを掲示する

　学校生活はめまぐるしくいろいろなことがあり，せわしなく動いています。そこで，ふとしたときにクラスの今までの歩みを確認するために，1週間ごとに1枚の短冊に以下のようなことを書いて掲示します。これは，輪番で全員が書いていくことになります。

> ①日付
> ②今週の出来事
> ③感想
> ④今週の言葉・ことわざ
> ⑤氏名

　月日が経つにつれて，教室の周りには掲示が少しずつ増えていくことになります。

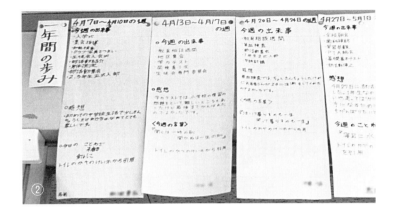

(7) ポートフォリオ掲示

　一年間，様々な活動で目標立て，振り返りを行ったワークシートはその都度教室の後ろに掲示します。自分のスペースが用意されており，どんどんたまっていきます。半期が終わったら一旦綴じ，ファイルに綴じておきます。

　一年間が終わった後には「一年の歩み」として綴じ，一冊の簡易ファイルにします。表紙を「一年間自分が考えたこと」という題目にし，最後のページには，「将来や一年後の自分，来年やりたいこと，今年の思い出，自分がやってみたいこと」など今自分が考えていることを思うままに作文にして綴じます。

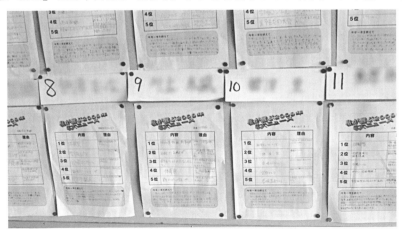

(8) 感謝メッセージ

　一年間の終わりには，「感謝プロジェクト」を行います。教科担任の先生方はもちろんですが，給食調理員や管理員さん，教科はもっていないけれど部活動の先生，校長先生，教頭先生，事務員さんなどクラス全員とのつながりを紐解いていくと，ほとんどの職員が当てはまります。生徒たちには秘密に作業をするように伝えます。全員が担当をし，クラスの代表としてその先生に感謝のメッセージを渡します。教科の先生には，最後の授業の挨拶のときに「一年間ありがとうございました」という大きな声の挨拶とともにメッセージを渡します。

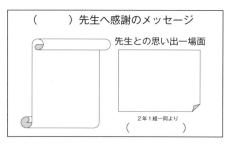

3　教室をアクティブに動かすコツ

(1) 一日の始まりは黒板メッセージから

　最近，朝黒板にメッセージを書く担任が増えたように思います。私はいつから始めたか記憶がないのですが，次のような考えをもって書いています。

> ① 今日の大きな予定（目玉となること）を意識できるような文章を入れる。
> ② 前日のクラスのよかったところを入れる。

　①は一日の生活に見通しをもたせることです。朝学活でも話をしますが，生徒たちが自分たちで動けることを理想とします。②は生徒たちのかかわりの場面のエピソードを教師が価値付け認めていくことを意識しています。同じよう

な場面がまた,違う生徒たちの中で起こることを期待しています。

(2) 一日の終わりを見送る

終学活が終わったら,素早く次の活動へ行くよう声をかけながら追い出します。日常的な放課後の活動は,「さよなら」の挨拶をした後の窓締めくらいです。放課後の係活動は,部活に早く行きたいと思っている生徒が多いので極力少なくしてあります。時には,部活に行きたくないという生徒たちもいますが……。

教室のごみが気になるときには「自分の周りのごみを2つずつ拾って捨てましょう」と声をかけます。そうすれば,軽清掃などの係の仕事はいらなくなります。

今まで様々なことを述べてきましたが,理想のクラスができたことはありません。まだまだ,試行錯誤が続きます。これからも自分たちで自主的に動くクラスを目指して学級づくりを行っていきたいと思います。

【参考文献】
＊河村茂雄『日本の学級集団と学級経営　集団の教育力を生かす学校システムの原理と展望』図書文化社,2010

（松井　晃一）

12 中学校

生徒のよさを発見，発信し続け "生徒が動くクラス" をつくる

1 目指すクラスとその実現のためのシステム

(1) 学年で統一されたシステムが必要な中学校〜係活動と当番活動〜

　唐突ですが，私がこれまで勤務した中学校では，係活動や当番活動の仕事内容，役割分担の仕方などを，自分が担任する学級独自で決定することはありませんでした。

　調査をしたわけではありませんが，中学校では，4月の学年部会で，特別活動の担当者からの提案をもとに，学年で統一した仕事内容，役割分担の仕方を決め，それぞれの学級で決められたように運用していくことがほとんどです。年度途中のマイナーチェンジの際も，学年内の学級でほぼ同時に取り入れていくことが多いでしょう。中学校では，各クラスの足並みをそろえることがほとんどです。つまり，学級単位というより，学年単位で一貫した指導が可能なシステムづくりを行います。こうすることで多くのメリットが生まれるからです。

　中学校は教科担任制です。さらに，給食指導，清掃指導，朝の短学活や終学活に至るまで，小学校に比べて，担任以外の先生が指導に当たる機会が多いと言えます。よって，教師間，特に学年内の共通認識が必要となってくるのです。統一することで，よりスムーズにこれに対応できるメリットが生まれます。また，例えば次年度のクラス替えの際も，生徒たちがスムーズに係活動や当番活動に取り組めるというメリットも期待できます。担任が変わっても，学級の係活動や当番活動のシステムは変わらないからです。このことにより，新任の担任が学級経営しやすくなるというメリットも考えられます。

(2) 生徒が動くクラスの条件

　しかし，このような統一されたシステム下で運営されている係活動や当番活動でも，生徒が積極的に取り組む学級とそうではない学級があるのが事実です。生徒が積極的に係活動や当番活動に取り組む学級，いわゆる"生徒が動くクラス"には，どんな条件があるのでしょうか。集団における規範意識の定着でしょうか。生徒個々の責任感でしょうか。学級の実態に合った柔軟的な仕事内容や役割分担などの工夫でしょうか。

　私は"動くクラス"になるには，生徒の"貢献の意識"がポイントだと考えています。"仲間のために"という意識のことです。生徒たちにとって，係活動や当番活動などの作業が"仲間のために"する仕事になることが理想だと考えています。

(3) 「お互いを認め合う」雰囲気

　そのためには「お互いを認め合う」雰囲気の醸成が必須です。生徒たちは素直です。自分を認めてくれる人のためになら素直に動ける，逆に認めてもらえていない人のために積極的に動こうとは思わないと経験的に感じているからです。

　個々の貢献の意識を育成するためには，学級の「お互いを認め合う」雰囲気が基盤として必要でしょう。周りの人を認め，自分も認められる。そんな雰囲気ができたら，生徒たちが周りの人のために動く環境は整ってきたと言えます。

　このような学級環境を基盤として，授業や特別活動などで，教師や仲間から貢献を価値付けられる経験や生徒自身が貢献の価値を実感する体験を通して，仲間のために動く意義を見出していきます。"仲間のために"動く意欲が強化されるわけです。

　実際は「お互いを認め合う」雰囲気と貢献の意識は相互に影響し合って膨れ上がっていくというのが私のイメージです。学級の「お互いを認め合う」雰囲気が大きくなれば，個々の貢献の意識が大きくなり，貢献の意識が大きくなれば「お互いを認め合う」雰囲気が大きくなっていくという相互作用が働いていると考えます。

私の学級システム

(1) 「モデリング」に着目して

　「お互いを認め合う」雰囲気を醸成しながら，貢献の意識を育てるために，様々な教育活動を通して多面的に働きかけを行うことができると考えます。学級集団をベースに行っている現在の学校のシステムにおいて，教科の授業，行事，道徳の時間，学級活動，給食，清掃の時間など，様々な場面で生徒に働きかけるチャンスがあると言えるでしょう。

　今回は集団教育の利点を生かした「モデリング」という考え方をもとに，生徒が動くクラスを目指した実践を紹介します*。「モデリング」とは，他人の行動をモデルとして観察し，観察している本人自身の行動に変化が生じることを言います。これはバンデューラが提唱した理論に基づいています。この理論は，モデルの行動を観察するだけで，学習が成立することを明らかにしています。つまり，仲間の行動を目にすることによって，行動の獲得が可能であるということです。

　私はこれに着目し，学級活動と学級だよりを通して，仲間のよい行動をクラスに広めたり，それらを価値付けしたりする取組を行ってきました。

　前半では，その取組の手順やポイントを含めた実践方法の紹介を，後半では，係活動と当番活動の基本的な組織づくりについて説明したいと思います。

(2) 「お互いを認め合う」雰囲気を支え，「貢献」を促す具体的な手立て
手立て①：担任の価値づけで，仲間の貢献に目を向ける

学級だより「クラスのすばらしい出来事」

　係活動や当番活動などを中心に，クラスであったいいこと，心温まる出来事を学級だよりで紹介します。協力，助け合い，成長をキーワードに，一人一人の仕事が周りの人のためになっていることに触れながら貢献の尊さを記述します。

目立たないけれどきちんと行われている仕事に焦点を当て，ねぎらいの言葉を付け加えるなどして，大切にしたい貢献の価値について生徒に伝えます。

　また，教師が子どもたちのよさを積極的に見つけ伝える態度は，子どもたちの安心につながり，やる気を後押しする効果も期待できます。

☆教室でのすばらしい出来事⑨☆
　また，また給食の時間です。今週の給食当番は5班，6班。その中で男子生徒3人が配膳台に食缶を準備・片付けをしています。これがハイスピード，最速です。しかも，協力が素晴らしい！食べ終わるのがどうしても遅くなってしまう人を見守り，その後，3人で一気に片付けをします。お見事です。安心して見ていられます。ありがとう。謝。Thank You

---

内容：係活動と当番活動を中心にエピソードを学級だよりで紹介する。
目的：○担任の価値観を伝える。
　　　○係と当番活動を行うことが仲間への貢献になると価値付ける。
ポイント：○協力，助け合い，成長を視点にする。
　　　　　○具体的な行動を取り上げる。
　　　　　○当たり前のことをあえて取り上げる。
　　　　　○担任以外の職員から聞いた話も積極的に取り上げる。
　　　　　○名前は出さない。

〈実際に取り上げた日常のこんな貢献〉

協力の視点から：
○給食当番が協力して素早い準備をした（みんなのために）
○学級のみんなも早めに席に着いて協力した（当番のために）
○清掃当番が「机を美しく並べよう！」と目標を決め，協力して清掃した（みんなのために）

助け合いの視点から：
○給食の後片付けを周りの生徒が自発的に手伝っていた（当番のために）
○返却が忘れられた傘箱を級長が自発的に片付けた（みんなのために）
○集配係の生徒にさっと駆け寄り重い集配物を持ってあげた（係のために）

成長の視点から：
○前日の反省を生かしてテキパキ準備と後片付けをした（みんなのために）
○丁寧に盛り付けされたおかげで残食がゼロになった（みんなのために）
○教室の整備を自発的に行っていた（みんなのために）

まとめ

　「先生たちが見てくれている」と子どもたちが感じられることが，やる気を後押しする。「いつも見ているよ」の気持ちを生徒たちに伝えよう。

手立て②：人を喜ばせる体験で，貢献の価値を実感する

サプライズ企画「フレーフレー　○○先生！」

　クラスにやってくる教育実習生のお別れ会を企画し実施する活動です。生徒たちがワクワクして取り組む活動の一つです。内容の企画はリーダーを中心に，生徒たちで考えます。当日の運営も子どもたちです。教師から提示する課題は「実習生に喜んでもらう」「仲間の得意を生かす役割分担をする」ということです。

　自分の役割を果たしたことが，人の喜びにつながる体験を積みます。仲間と協力して，誰かを喜ばせるためにする仕事は楽しいと実感します。また，一人一人が得意なことを発揮することで，仲間のいいところも見つけることができます。紙吹雪を十分に用意して，教員採用試験に向けて激励をするのがおすすめです。

　「副任の先生　誕生日サプライズ」など他の企画を生徒たちから自主的にやりたいと申し出てくることもあります。時間が許す限り，子どもたちが楽しみながら協力して，何かを達成する経験を積ませましょう。

内容：教育実習生のお別れ会を企画，運営する。
目的：○役割をきちんと果たす。

　　　　　　○得意なことを発揮する。
　　　　　　○仲間のよさに気づく。
実施のポイント：○生徒たちが企画，運営する。
　　　　　　　　○役割を分担する。
　　　　　　　　○準備に十分時間をかける。
　　　　　　　　○実習生からの感謝メッセージを学級だよりに掲載する。
活動の流れ(例)：①準備（会場設営，紙吹雪作成，黒板デコレーション，たすき作成など）
　　　　　　　　②誘導（控室から目隠し）
　　　　　　　　③フルーツバスケット
　　　　　　　　④感謝メッセージ贈呈
　　　　　　　　⑤実習生からメッセージ
　　　　　　　　⑥紙吹雪で激励，そして，思い出の写真撮影
役割分担(例)：①司会……全体の司会をする。
　　　　　　　②紙吹雪係……広告や色紙をひたすらハサミで切る。
　　　　　　　③レクレーション係……遊びを考える。
　　　　　　　④誘導係……実習生を会場まで誘導する。
　　　　　　　⑤小道具係……必要な道具を考えて作る。
　　　　　　　⑥応援係……教員採用試験に向けてエールを送る。
　　　　　　　⑦感謝メッセージ作成係……色画用紙などにみんなの感謝のメッセージとともにイラストを描く。
　　　　　　　⑧黒板デコレーション係……黒板に装飾をする。

まとめ

　自分の得意を発揮させる。楽しく協力して，人を喜ばせる体験を積むことで自信も身に付く。仲間のいいところも発見できる。「人に喜んでもらうために動くって楽しい！」を生徒たちに伝えよう。

手立て③：仲間のいいところを通して，仲間の貢献について考える

「みんなのいいところ教えて！」

認め合い活動として，仲間のいいところを考えたり，メッセージを書いたりする取り組みはよく行われていると思います。小学校では，終わりの会などで，直接，級友にいいところを伝える実践もあります。

　しかし，中学生くらいになると，相手のいいところを直接口に出して伝えることが恥ずかしく感じる生徒も多くなります。また，かかわり合いが苦手な生徒が多いと活動が活性化せず，生徒の意欲が削がれてしまう心配が考えられる学級もあるのではないでしょうか。そんなとき，仲間のいいところを紙に書くだけというこの活動をおすすめします。

　子どもたちのことは，子どもたちがよく知っています。「みんなのいいところをたくさん教えてください」と呼びかけると，生徒たちはこれまでの授業や行事，係活動や当番活動，さらには学校外での仲間の活躍やいいところや見習いたいことをたくさん教えてくれます。楽しそうに書いてくれます。

　意外な生徒が周りの人をよく見ていたり，知らなかった生徒間の交流が見えたり，担任にとっても新しい発見があります。前向きな言葉ばかりなので，クラスの見方が変わることさえあります。

内容：学級の仲間のいいところや見習いたいところを用紙に書く。
目的：○仲間のいいところに気づく機会にする。
　　　○学級だよりのネタをみんなで作る。
実施のポイント：○助け合い，協力など，貢献を視点にするよう伝える。
　　　　　　　　○学級だよりに掲載することを伝える。
　　　　　　　　　（みんなのいいところを教えてほしいというスタンスで）
　　　　　　　　○実施する1週間ほど前に予告する。
　　　　　　　　○必要に応じて書き方を指導する。
　　　　　　　　　　例「……ところを見習いたい」など
用意するもの：学級全員の名前が表になっているＡ３用紙
活動の流れ：①教師が説明する。
　　　　　　②課題やポイントを確認する。
　　　　　　③用紙に仲間のいいところや見習いたいところを記入する。

まとめ

　お互いのよさを発掘させる。仲間のいいところに目を向けることが，「お互いを認め合う」雰囲気を支える。担任も新しい発見を楽しもう。

手立て④：仲間のいいところを共有することで，仲間の貢献を共有する

学級だより「みんなのいいところ」

　「仲間のいいところを見つけよう！」で用紙に書かれた「みんなのいいところ」を何回かに分け，数名ずつ学級だよりに掲載し発行します。仲間のいいところを共有することによって，仲間のよい行動に着目することを促す目的があります。

　自分や仲間のいいところが掲載された学級だよりを子どもたちに配布すると，黙々と読む人や照れながら笑っている人，自分のコメントを指さす人など，興味津々な様子が伝わってきます。学級活動や短学活などで共有する時間を確保することが望ましいです。

　また，担任が自分の子どもをよく見てくれているという印象を受ける保護者も多いようです。家庭からの反響も大きく，保護者会などで話題になることもしばしばです。

内容：学級だよりで仲間のいいところを発信する。

目的：○仲間のいいところに気づく機会にする。
　　　○仲間の貢献を共有する。
　　　○子どものいいところを家庭に知らせる。

実施のポイント：○出席番号順などで，数回に分けて発行する。
　　　　　　　　○一人一人は文字数を同じにする。
　　　　　　　　○書いた人の名前は掲載しない。

まとめ

　「みんなのいいところ」を生徒たちと共有する。家庭でも生徒のいいところを話題にしてもらうことが，生徒のやる気を支える。「みんなにはいいところがある」ことを伝えよう。

手立て⑤,⑥：お互いに感謝を伝え合うことで,自分の貢献に気づく
「感謝メッセージ」&学級だより「感謝力」

　行事が一段落し,学級の人間関係も深まる2学期の終わりから3学期が実施時期です。手立て③,④の感謝メッセージ版です。③,④は周りの人のいいところを探すことを通して,仲間の貢献に目を向けることを意識した活動ですが,この活動には自分の貢献にも目を向けるという目的を含んでいます。

　自分がやってきたことが誰かにとって役に立っていたことに初めて気が付いたり,自分は気にもしていなかった些細なことが,相手にとってはありがたいことだったことに驚いたり,生徒のいろいろな反応が期待できます。これらはお互いに伝え合って初めてわかることが多いです。

　感謝メッセージの内容には,授業,行事,係活動や当番活動などに関することはもちろん,温かな生徒同士の心の通い合いが読み取れるものもあります。「いつも『おはよう』と声をかけてくれてありがとう」「配布物を渡したとき『ありがとう』と言ってくれてありがとう」など,優しくて豊かな感性が光るコメントが書かれていることがあります。こんな心温まるメッセージをクラス全体で共有したいものです。

内容：クラスの仲間に向けてありがとうメッセージを書く。
目的：○自分の貢献に気づく。
　　　○感謝のメッセージを伝え合う。
実施のポイント：○学級だよりに掲載することを伝える。
　　　　　　　　○具体的な行動を挙げるよう伝える。
用意するもの：学級全員の名前が表になっているA3用紙
活動の流れ：①教師が説明する（一年間のクラスの様子など）。
　　　　　　②課題やポイントを確認する。
　　　　　　③用紙に仲間のいいところや見習いたいところを記入する。

まとめ

　「感謝のメッセージ」で支え合いを実感させる。お互い「ありがとう」を伝

え合うことで自分の貢献を実感し，子どもの次のやる気をつくろう。

(3) 基本的な組織づくりについて

① ポイントはわかりやすい組織づくり

係活動や当番活動は，基本的に生活班（4～6人）を単位として行います。日常の係活動については，生活班と同数の係活動を設定し，生活班でそれらを分担します。また，当番活動については，給食当番なども生活班単位で行い，1週間ごとに交替するシステムです。日直も生活班の席順に従って2人で行うことがほとんどです。

② 班長決めの3つのポイント

生活班には班長がいます。班長はアンケートをもとに決めます。アンケートは，自分の意思（立候補するか，推薦されたらやってもよいか）と推薦する人について記入し，この集計結果をもとに，級長と副級長と相談しながら決定していきます。この一連の班長決めで，私が大切にしていたポイントが3つあります。

1つ目は，クラスから支持のある人を選ぶことです。班長アンケートは単なる人気投票ではありません。班長は班員をリードします。物事にきちんと取り組める生徒を選びます。

2つ目は，立候補して選ばれなかった生徒のフォローです。やる気をたたえ，リーダーとしてだけでなくフォロワーとしても活躍してほしいことを伝えます。「立候補してくれてありがとう。うれしかった」など，よい行動を指摘しながら，担任の気持ちを誠実に伝えたいものです。

3つ目は，クラス全体に「班長はクラスのみんなのために仕事をする」という意識づけをすることです。年度はじめに級長や班長を決める際には，「どんなリーダーがふさわしいか」を生徒たちが考える時間を設定することも手立てとして考えられます。

班長は重要な役割を担っています。班のメンバーやクラスの席順を決めたり，班の活動をリードしたりする重要なポジションです。決めたことがスムーズに

クラスに受け入れられるために先の3つは心がけるべきでしょう。

③ 班編成の2つのポイント

班長と級長，副級長で組織される班長会で，各班のメンバーとクラスの席順を決定するようになっていました。クラスにとっては関心度の高い決めごとです。全員が完全に納得することはめったにありませんが，決定したことによってクラスの人間関係が大きく混乱するようなことは避けたいものです。

そのために大切にしたいポイントは2つです。1つ目は，学級目標などをもとに，何が優先するべき基準なのかをクラス全員にわかりやすく示すことです。例えば，メリハリのある学習環境を第一優先にするのであれば，過度なおしゃべりが予想されるような班編成は避けるべきですし，授業中の教え合いを優先にするのであれば，学力を考慮しながら班編成をすべきでしょう。そのような基準はクラス全体できちんと共有することが大切です。

2つ目は，担任が生徒の人間関係や授業の様子をきちんと理解することです。そのための一つの手段として，生徒からよく話を聞くことを勧めます。学校の規模などにもよりますが，生徒はお互いのことをよく知っています。教科担任制である中学校では，授業中の様子については，担任より生徒のほうが知っている情報が多いことがよくあります。また，生徒の人間関係についても，自分が知っていたこととは全く異なる意見が出てくることさえあります。

係活動や当番活動の基本単位にもなる班の編成は，クラス全体で基準を共有し，人間関係や授業中の様子をきちんと考慮した上で行っていました。

3 教室をアクティブに動かすコツ

生徒たちも保護者も，担任がどんな人なのか知りたいと思っています。どんな思いをもって，何を大切にしているのか知りたいと思っています。

4月，生徒や保護者に向けて，前向きな言葉で大切にしたいことや思いをわかりやすく伝えましょう。学級で大切にしたいことを発信することで，生徒にも保護者にも学級経営の土台となる担任の思いを知ってもらいましょう。ポイ

ントは「一人一人を大切にする」という視点です。年度の始まりは誰もが不安を抱えています。そんな生徒たちにまずは安心感を与えることが大切です。そして，伝えたい思いや大切にしたいことを一年間の学級経営で貫いてください。

生徒のよさを認め，一人一人を信じる

しかし，学級経営が一年間，順風満帆で進むということばかりではないと思います。生徒とうまくいかなかったり，生徒指導上の問題が発生したり，授業が思ったようにいかないときもあるでしょう。そのようなときでも，生徒たちの成長を信じ，生徒のよさを見ることを続け，発信し続けることが大切です。生徒のよさを伝えることは，生徒たちを勇気づけます。見てくれている，認められているという安心感を与えます。

また，一人一人を認め，勇気付ける教師の姿を生徒たちは見ていますし，そのような気持ちを感じ取ります。少しずつ生徒たちが教師や仲間をモデルにし，お互いを認め合い，仲間を勇気付け，一人一人を大切にするようになります。その一つの表れが仲間のために動くということだと考えています。

生徒が"動く"背景にはクラスによって，個人によって様々な理由があると思います。例えば，動かないと教師に怒られるからとか，級友に文句を言われるからという場合もあり得るでしょう。仮に理由がこれらのようだと，"動く"ことの目的が少し違うような気がします。それでも子どもたちの成長はあるでしょう。しかし，その成長は限られると考えます。

"仲間のために動く"そんな素敵な学級をつくりませんか。

【参考文献】
＊中谷素之編著『学ぶ意欲を育てる人間関係づくり　動機づけの教育心理学』金子書房，2007，p.21

（曽根原　至）

13 中学校

生徒が動く「隙」を残す
～やりすぎ初任者からの卒業～

1 目指すクラスとその実現のためのシステム

　私の教員生活１年目は，中学１年生の学級担任から始まりました。授業準備や部活動，委員会指導に行事や校務など，休日返上で目の回るような日々を送っていたことを思い出します。有り難いことに，初任者の私が配属された学年にはベテランの先生方がズラッと勢揃い。「自分の学級だけだらしないなんていう結果にはしないぞ！」と，周囲の先生方についていくことに必死だったように思います。

　なんとか１年目を終え，そのまま２年生に持ち上がり，年度末が近づいたある日。日付が変わりそうな時間まで帰ることができずに職員室で仕事をしていたところに，先輩の先生が声をかけてくださいました。他愛もないおしゃべりをしていたのですが，その中で言われたこの言葉に，私は思わずドキッとしました。

> 「今年のクラスは，イメージしていた学級に仕上がったかい？」

　「学級全員にとって居心地のよいクラス」というのが，年度当初にイメージしていた学級像でした。前年度に不登校や自傷行為などの対応をしたこともあり，とにかく全員にとって教室を温かな場所にしたいという思いが強くあったからです。しかし，２年目が終わろうとしていたそのとき，常に考えていたのは「学級を壊さないこと」だったのです。そのため，生徒に委ねることを恐れ手を出しすぎる，保守的な学級経営をしてしまっていた自分に気づかされました。

　その後，同じ学級のまま３年生に持ち上がることが決まりました。前年度の

気づきもあり，積極的な学級経営をしていこう！という気持ちで新年度に臨みました。

　意識を変えると一つ一つの行事や日々の出来事の見え方が徐々に変わり，手応えを感じていました。中学３年生にもなると，生徒たちが私の予想を超える振る舞いや結果を見せることも多くなり，「この子はこんなにも大人な対応ができるようになっていたのか」「あの子にここまで底力があったなんて」といううれしい驚きがたくさんありました。そして，生徒たちのそういった姿を見るにつれ，私が目指してきた「学級全員にとって居心地のよいクラス」という学級像は学級経営の通過点にすぎず，より高いところに目指すべき姿があるように感じ始めていました。

　卒業式の日，その思いが確信に変わります。職員室で式の流れを最終確認していたところに，男子生徒がひょっこりと顔を出し私を呼びました。朝学活までの時間はカメラ撮影OKの自由時間です。教室はさぞかし盛り上がっている頃でしょう。やれやれ，最後の日の朝に何かやらかしたか……と思い，話を聞きに行くと，「教室で式歌を流して音を確認したいので，ラジカセをお借りできますか」と，全く予想しなかった言葉が返ってきたのです。

　何てことはない些細な出来事なのかもしれません。しかし，卒業式当日という気持ちが昂る状況の中で，誰に指示されるでもなくこんな行動をとった生徒がいたことは，当時の私にとって衝撃的でした。

　その後，卒業式が無事に終わり，初めての教え子たちが旅立っていきました。中学生の「自分たちで考え，動く力」は私が思っている以上にすごいのだということを，毎日の生活を通して教えてくれた生徒たちでした。

　翌年度，私は２度目の１年生担任になります。卒業した生徒たちが教えてくれた，生徒たちの「自分たちで考え，動く力」＝「自治力」を引き出すことを目指した一年間でした。次項ではその年の実践を中心に述べていきます。

2 私の学級システム

(1) 係活動で自治の土壌づくり

① 年度当初は"穴"を残す

　入学したての1年生との生活は，小学校との違いに慣れさせるところから始まります。6年間慣れ親しんだ小学校とはあらゆる決まりごとが異なり，勝手の違いに戸惑う姿が目立ちます。しかし，そんな状態でも学校生活は容赦なくスタートします。はじめの1週間は息をつく間もなく，下校する頃には生徒も先生もヘトヘトです。

　この時期ばかりは，係活動を生徒に委ねるというのは難しいものがあります。また，学校によっては委員会や行事の都合から，係の数や種類を学年で統一する場合もありますので，学級でオリジナルな係活動を取り入れることができないこともあるのではないでしょうか。

　このような事情から，年度はじめは教師主導で係の仕事を提示し，定着させることに専念していました。例年，概ね次のような流れで進めます。

> ① 係の種類と仕事内容の説明
> ② 希望調査・配属決め
> ③ 係内で役割分担
> ④ 係ポスター作成

　ただし，教師主導で進める際に意識していたことがあります。それは

> "仕事内容に穴を残す"

ということです。穴がありすぎると活動が回らなくなるのでやりすぎは禁物ですが，生徒自身が「こういう仕事をする人が必要だ」「この仕事は1人では手が足りないから人数を増やしたほうがいい」など，改善点を見出す隙を残しておくようにしました。最初の段階で穴に気が付く生徒はほとんどいませんが，

仕事をしていくうちに気が付き始めます。その気づきを，行事の終わりや学期末などの節目となる時期に係会議の場で出し合わせることで，活動が生徒の意見によって改善されていくようになりました。

②　"気が付く子"への言葉がけ

学級の中には，早い段階で改善点に気が付き「この仕事こうしたほうがいいと思うんですけど……」「～をする人がいないんです。どの係の仕事ですか？」と担任に教えてくれる生徒がいます。初任者のときは「見落としていた！　新しいシステムをつくらなければ！」と慌て，"担任が考え，提案し，調整する"というように自らが動くことで改善していました。係活動の目的が「学級をスムーズに動かすこと」に偏り，活動が滞ることを恐れていたためです。

しかし，それでは生徒の主体性が育たないということに気が付いてからは，このような言葉を返すようにしていました。

> 「よく気が付いたねえ！　どうしたらうまくいくかな？」
> 「係の他のメンバーにもちょっと相談してみてくれる？」
> 「そろそろ係会議開くから、そのときに話題に出してみて？」

このように返すことで，仕事内容の考案者や決定者がすでに教師ではなくなっているのだということを伝えていきます。また，周囲とのかかわり合いを促したり，係会議を行う目的を理解させたりすることにもつながっていきます。

こうして，係会議や日常でのやりとりを積み重ね，少しずつ生徒たちの中に「係活動の内容は自分たちで改善していくもの」という意識を根付かせていきました。そして，3学期には「オリジナルの活動」を考えることを呼びかけました。その頃には，各係の管轄を生徒たちが理解しているので，その管轄の中で学級のプラスになることを新たに考えるのです。実際には，インフルエンザ予防の呼びかけポスターを作成している係などがありました。

③　"席決め"で総務係のリーダーシップを養う

すべての係がそれぞれに重要な役割を担いますが，その中でも特に責任ある係が「総務係」です（名称は様々あると思いますが "級長" や "班長" たちが

属する係を私の勤務校ではこう呼んでいました）。学級を自治的集団にするには，総務係のリーダーシップが欠かせません。総務係には様々な仕事を担当してもらいましたが，特に重視していたのが席決めの仕事です。

席替えは，生徒にとってとても大きなイベントです。一方で，席替えをどのような方法で行うかは，担任にとっては悩みの種でもあります。いろいろな方法がありますが，私は総務係に席の配置決めを任せる方法をよく採用していました。席決めが総務係にリーダーシップを養う絶好の機会だからです。

席決めをする際に，総務係にはこんなことを要求しました。

> ① **自分勝手な理由で席を決めないようにしよう**
> ② **全員が居心地のいい席を目指そう**
> ③ **フォローが必要な仲間に配慮しよう**
> ④ **仲間の「なぜ？」にきちんと答えられるようにしよう**

①は大前提ですが，席決めの権限を間違った方向に使えば学級の仲間からの信頼を失うことにつながるため，何度もくり返し伝えました。②〜④はなかなか難しいですが，これらをクリアする席の配置を考えることが，総務係の成長につながります。

席決めをしていると，こんな発言が飛び交います。

> 「最近Ａくんが授業中によく注意されるから，総務係の隣の席にして声をかけるようにしよう」
> 「この席だとＢさんは話しやすい人がいなくて孤立してしまうかもしれないよ。この席と入れ替えたほうがいいんじゃないかな」
> 「Ｃくんが勉強わからなくて悩んでいるんだって。Ｄさんの横にして，教えてもらえるようにしよう。Ｄさんにも先にお願いしてさ」

席決めをするには，学級全員のことをわかっている必要があるため，総務係の生徒たちは学級全体をよく見るようになります。また，自分たちで席を決めたという責任が，日常生活での周囲への声かけやフォローにもつながっていき

ます。

　なお，私はこの席決めの場にはなるべく立ち会うようにしていました。効果が高い分，トラブルにもつながりやすい活動です。できるだけ口を挟まないように努めますが，必要に応じて「ここは考えている？」「ここにはちゃんと意味がある？」と質問をする形で介入するようにしていました。

④ 限られた活動時間で"自治力"を

　小学校に比べ時間的制約が厳しい中学校では，係活動に充てられる時間がとても限られています。その中で生徒たちの自治力を育てるためには"完璧なシステム"を初めから用意しないことが大切なように思います。経験年数を重ねるほど，教師の側では「こうすればうまくいく」というシステムが確立していきますが，それを最初から提示してしまえば，生徒がすべきことは「覚えること」だけになってしまいます。生徒が自然と「自ら考える」ようになる余白が，生徒を育てる係活動に必要なのではないでしょうか。

(2) 当番活動で心地良い環境づくり

① "無理のないシステム"でスタートする

　中学生が行う当番活動として一般的なものが，給食当番と清掃当番です。

　給食時間や清掃時間は学級の実態がよく現れる場面であり，この時間を落ち着いて過ごすということが，学校生活を気持ち良く送るために重要な意味をもっています。

　中学校の日課はとてもタイトで，当番活動は短い時間で完了させることが求められます。私が以前勤めた学校では，10分ほどで給食準備をしなければなりませんでした。直前の授業が延びたり，教室移動があったりするとさらに厳しく，慣れない1年生にとっては本当に大変です。

　係活動と同じように，当番活動も1学期のはじめは教師主導で軌道に乗せます。このときに気を付けていたのが，

> "物理的に無理な要求をしない"

ということです。

初任者の頃「当番は１つの班で行うもの」というイメージをもっており、どうにか１つの班（当時は６人班でした）で時間内に終わらせるように指導していました。その結果、生徒たちが焦り、盛り付けを失敗したり食器を割ったりということが頻繁に起こりました。時間はいつもギリギリ。生徒たちが給食をかき込むように食べなければならない日も度々ありました。

隣の学級から、何分も早く聞こえてくる「いただきます！」の声に焦りながらも、自分の学級も続けていれば早くできるようになるはず……と信じ、「急ぎなさーい！」と叫ぶ日々が続きました。

なかなか状況が改善せず、これは何かを変えなければダメだと考え、隣の学級の先生に「どうして先生の学級は給食準備があんなに早いんですか？」と聞いてみました。すると、思いがけない答えが返ってきました。

「ああ、うちの学級はお手伝い班がいるからね」

「お手伝い班」という聞き慣れない言葉に「？」という顔をした私に、詳しく説明してくれました。

「今年は５人班もあるからどうしても厳しいよね。結局毎日、当番以外の気の利く子が手伝うことになる。だから、あらかじめ"お手伝い班"を当番のローテーションに入れたんだ。実質２班で準備しているんだよね」

目から鱗というか、「そんなのアリ!?」というか、とにかく拍子抜けしたような気持ちになったことを覚えています。私が「当番は一つの班でやるもの」と思い込んでいたことで、生徒たちに物理的に無理な要求をしていたのかもしれないなと考えさせられました。

それからは隣の学級を真似して"お手伝い班"システムを導入し、２班で準備をするようにしました。時間に余裕ができ、生徒たちが落ち着いて食事をできるようになっていきました。

もちろん、このやり方には賛否両論あると思いますし、生徒たちが慣れてき

たら"お手伝い班"システムは廃止してもよいでしょう。その場合は教師が決めるのではなく，学級会や班会議などで生徒たちに決めてもらうのがよいと思います。軌道に乗ってしまえば，生徒たちは自分たちで改善点を見つけることができます。生徒に委ねる時期が来たと判断したときは，迷わず手を引いていきます。

　また，物理的に厳しい条件下でも，鍛えれば生徒たちはできるようになるかもしれません。日々の試行錯誤の末，盛り付けや皿運びのプロ（笑）が誕生することも悪いことではないと思います。しかし，その中で生徒たちが身に付けるのはあくまでも「技」であるように思います。当番活動を通して生徒たちの「自治力」を育てたいのであれば，初めの条件は厳しくしすぎず，生徒たちの意見によって当番活動のレベルを上げていく方法がよいのではないかと私は考えています。

　② "点検活動"で当番活動の質を高める

　私の学級では，当番活動のローテーションの中に「点検」という当番を入れていました。名前の通り，給食当番や清掃当番がしっかりと活動しているかを点検する当番です。当番を忘れたり，さぼったりしている生徒への声かけや，時間内に完了しているか，片付けはきちんとできているかなどを，チェックリストを使って点検者が確認します。"○項目中○項目できていれば合格，不合格の場合は翌日やり直し"というようなルールを設け，点検がなあなあにならないようにしていました。

　当番の生徒が活動する様子を見ていると，口を出したほうがいいかなと感じる状況は多々あると思います。そういうときは，直接声をかけるのではなく，点検者の生徒に先に伝え，点検者からの声かけを促すようにしていました。

　また，点検者には「あら探しをして不合格にすること」ではなく，「合格できるように働きかけること」が点検者の役割なのだということを伝えます。できていないところを見つけたら，黙ってチェックリストに×を付けるのではなく，当番をしている仲間に教えてあげる。点検者にそのような意識をもたせることが，点検活動を意味あるものにするためのポイントだと思います。

(3) **勝負どころは行事にアリ**

　これまでに述べた係活動や当番活動などの日常的な取り組みは，学級活動に充てられる時間が限られている中学校で，生徒の自治力を高めるための土壌作りの時間です。

　そして，その土壌の上で進める"行事"の取り組みが学級経営の勝負どころになります。行事の種類は地域によって異なりますが，今回は定番である「文化祭」と「合唱コンクール」で私が意識していたことを書きたいと思います。

① **鍵を握る"プロジェクトチーム"**

　私の学級では，学級の中心となって活動を進めるメンバーのことを「プロジェクトチーム」と呼んでいました。学校祭では，全体を総括する総責任者（1名），各部門のリーダーとなる部門責任者（3〜4名），活動費の支出を管理する会計（1名）の計5〜6名。合唱コンクールでは，指揮者・伴奏者，各パートリーダー・サブリーダーの計8名ほどの生徒で構成するチームです。

　行事を"生徒の手で"成功させる鍵は，プロジェクトチームとの打ち合わせが握っていると思っています。3年生くらいになると，この段階から生徒に委ねられることもありますが，1年生の生徒たちにとっては初めての行事なので，綿密に打ち合わせをするようにしていました。打ち合わせで意識することは，

> "場・時・道具を整える"

です。まずは，活動場所や活動時間の確認。どんなに作品の仕上がりがよくても，場所や時間のルールを破って作り上げたものなら意味がないということを伝えます。これは毎年，自分自身にも言い聞かせることです。本番が近くなると生徒も担任も熱が入り「もっと練習したい！」という雰囲気になって時間をオーバーしがちですが，行事は全校でつくり上げるもの。1つの学級がルールを破れば，多方面に影響が及びます。あらかじめ提示されたルールの中でベストを尽くす。そのために，よく計画を練り，スケジュールを見通す。プロジェクトチームとの打ち合わせでは，この部分を重視していました。

　そして，もう1つ整えるべきものが"道具"です。どんなにスケジュールが

しっかりと立っていても，道具がないことには始まりません。何がいつまでに必要なのか，生徒が持参するのか，教師側で準備が必要なのかなどを打ち合わせます。そして，プロジェクトチームにいる会計担当と予算の確認をし，必要なものが揃うように準備します。

② 活動が始まったら"放浪"する

プロジェクトチームとの打ち合わせを何度か行い，いざ活動が始まったら少しずつ手を引き始めます。次にすべきことは"放浪"です。

長く同じ場所にいると，生徒がこちらに頼ってきてしまいますし，こちら側もどうしても口を挟みたくなってしまうためです。もちろん，危険な道具（のこぎりなど）を使用するときは立ち会いますが，基本的には"ふら〜っと現れて，ふら〜っといなくなる"というスタンスをとっていました。

ある年の文化祭準備中。「巨大モグラたたき」を作っているグループがあったのですが，何やら雲行きが怪しい。責任者の女子生徒が険しい顔で指示を出している横で，男子たちがモグラたたき棒で遊んでいる……。「ちゃんとやりなさーい！」と言いたい気持ちをグッと堪え，とりあえずぶらぶら。責任者の女の子の「先生助け舟を出してください視線」を感じながらも，やっぱりぶらぶら。ことの結末を見守りました。

結局そのときは，責任者が堪えきれず泣き出してしまい，活動場所から連れ出すことになりました。1対1で話をして一通り事情を聞いた後，「この後どうする？　戻るのが厳しかったら，帰ってもいいよ？」と言いました。すでに放課後の活動時間は残りわずかでしたし，クールダウンが必要だと思ったからです。しかし，その生徒は「戻ります。もう一回がんばります！」と言って作業に戻ることを選びました。そして，改めて自分の気持ちと作業内容をメンバーに伝え，その日の活動を無事に終えました。遊んでいた男子たちも申し訳なさそうな顔をしながらも，最後には笑顔で帰っていきました。

トラブルが起こる前にストップをかけることもできます。しかし，それは時に生徒の成長のチャンスを摘み取ってしまうことにもつながると思います。ギリギリまで生徒に委ねる。覚悟やフォローが大切ですが，このスタンスで行事

に臨むようになってから，行事を通した生徒の成長の度合いが高まったように思います。

③ おまけ：教師の学びは"行事のあとに"

行事への取り組み方は教師によって様々で，介入の度合いも一人一人異なります。準備期間は自分の学級のことで手がいっぱいで，なかなか他の教師のやり方を見る余裕などないかもしれません。しかし，行事を通して上手に学級を育てている先輩教師が，きっと身近に何人もいるはずです。

完成した作品や当日の生徒の姿を見て，「すごい！」と思う学級があれば，担任の先生にぜひ話を聞いてみてください。いつから準備を始めたのか，どう介入したのか，どんなドラマがあったのか，本番を終えて生徒にどんなフィードバックをしたのか。行事の話から，その先生が描く学級像にまで話が広がれば最高です。行事後は，教師が学ぶ絶好のチャンスだと思います。

3 教室をアクティブに動かすコツ

「教室をアクティブに動かすコツ」。ものすごく魅力的な響きですよね。この言葉に惹かれて，本書を手に取られたという方も多いのではないでしょうか。ここまで長々と書いてきましたが，私自身，自分の実践に自信などなく，日々課題を感じながら教壇に立っていました。現在は教職大学院へ進学し現場から離れていますが，教員経験はまだたったの4年。「教室をアクティブに動かせる教師」になるため，絶賛修行中の身です。

それでも，本書の執筆を機に過去の実践を振り返ってみたことで，自分の指導の軸となっていた考え方や，一方で曖昧になっていた部分が見えてきたように思います。現場にいたときに，こういう"リフレクション（省察）の時間"をとることが必要だったのだろうと感じています。

学校現場は本当に目まぐるしく，その日その日の仕事で手がいっぱいな時期もあると思います。しかし，毎日ほんの数分でも「自分はどういう学級を目指しているのか」「そんな学級をつくるために，今やっていることは有効か」「取

り組みへの介入度は生徒の実態に合っているか」のように，自分の学級経営方針や日々の実践，生徒とのかかわり方などをリフレクションする習慣をもつことが大切なのではないでしょうか。それが，「教室をアクティブに動かせる教師」になるための第一歩なのではないかと思います。

　リフレクションの方法は様々な文献で述べられていますが，前田康裕先生の『まんがで知る教師の学び　これからの学校教育を担うために』は読みやすくおすすめです。1時間もあれば読めます。コラムにある読書ガイドも参考になります。

　自分に合った方法で日々リフレクションをくり返し，ああでもないこうでもないと試行錯誤を重ねた先に，きっとその教師ならではの"教室をアクティブに動かすコツ"が待っている。私はそう考えています。

【参考文献】
・前田康裕『まんがで知る教師の学び　これからの学校教育を担うために』さくら社，2016

（黒田　麻友美）

あとがき

　多くの教師に大事だと認識されながら，教員養成から現職教育を通して学ばれないことの一つに「学級集団づくり」があります。

> 教育活動がうまくいかない理由のほとんどは，人間関係に起因する問題，即ち，学級集団づくりの失敗

です。そんな集団づくりの心強い参考書として本シリーズを企画しました。
　アクティブ・ラーニングの授業は子どもたちの活動性が高い授業です。その活動性を保証するのが子どもたちの自由度です。つまり，アクティブ・ラーニングは，集団の実態がそのまま表出されるのです。機能している学級はより学習効果が上がり，そうではない学級は，むしろ学習効果が疎外されるのです。アクティブ・ラーニング時代の授業は，真の意味で学級を育てているかが問われるのです。本シリーズには，学級の機能を高めるための情報が満載です。みなさんの問題意識のどこかに必ずやフィットすることでしょう。

> 『学級を最高のチームにする極意シリーズ』ラインアップ

＊学級開きに
『一人残らず笑顔にする学級開き　小学校～中学校の完全シナリオ』
＊学級目標づくりに
『最高のチームを育てる学級目標　作成マニュアル＆活用アイデア』
＊年間の学級集団育成の戦略に
『自ら向上する子どもを育てる学級づくり　成功する自治的集団へのアプローチ』
＊いじめを予防し，いじめに立ち向かうクラスづくりに
『いじめに強いクラスづくり　予防と治療マニュアル　小学校編・中学校編』
＊気になる子の支援に

『気になる子を伸ばす指導　成功する教師の考え方とワザ　小学校編・中学校編』
＊思春期の子どもたちと向き合うために
『思春期の子どもとつながる学級集団づくり』
＊子どもたちとの個人的信頼関係の構築に
『信頼感で子どもとつながる学級づくり　協働を引き出す教師のリーダーシップ　小学校編・中学校編』
＊集団のルールづくりに
『集団をつくるルールと指導　失敗しない定着のための心得　小学校編・中学校編』
＊やる気を引き出す授業づくりに
『やる気を引き出す全員参加の授業づくり　協働を生む教師のリーダーシップ　小学校編・中学校編』
＊アクティブ・ラーニングの視点による授業改善に
『アクティブ・ラーニングで学び合う授業づくり　小学校・中学校編』
＊クラスのまとまりを生む協働力の育成に
『協働力を高める活動づくり　小学校・中学校編』

赤坂　真二

【編著者紹介】

赤坂　真二（あかさか　しんじ）

1965年新潟県生まれ。上越教育大学教職大学院教授。学校心理士。19年間の小学校勤務では，アドラー心理学的アプローチの学級経営に取り組み，子どものやる気と自信を高める学級づくりについて実証的な研究を進めてきた。2008年4月から，即戦力となる若手教師の育成，主に小中学校現職教師の再教育にかかわりながら，講演や執筆を行う。

【著　書】

『スペシャリスト直伝！　成功する自治的集団を育てる学級づくりの極意』（2016），『集団をつくるルールと指導』小学校編・中学校編（2016），『やる気を引き出す全員参加の授業づくり』小学校編・中学校編（2016）（以上，明治図書）他多数

【執筆者一覧】（掲載順）

赤坂　真二	上越教育大学
金　大竜	大阪府大阪市立千本小学校
飯村　友和	千葉県八千代市立高津小学校
中條　佳記	奈良県王寺町立王寺南小学校
松尾　英明	千葉大学教育学部附属小学校
八長　康晴	東京都多摩市立多摩第一小学校
北森　　恵	富山県公立小学校
岡田　順子	新潟県上越市立春日小学校
濱　　弘子	静岡県沼津市立大平小学校
渡部　智和	新潟県上越市立城北中学校
吉田　　聡	新潟県上越市立城北中学校
松井　晃一	新潟県上越市立城北中学校
曽根原　至	新潟県上越市立城北中学校
黒田麻友美	北海道公立中学校

学級を最高のチームにする極意シリーズ

教室がアクティブになる学級システム

2017年2月初版第1刷刊　Ⓒ編著者　赤　坂　真　二
発行者　藤　原　光　政
発行所　明治図書出版株式会社
http://www.meijitosho.co.jp
（企画）及川　誠　（校正）西浦実夏
〒114-0023　東京都北区滝野川7-46-1
振替00160-5-151318　電話03(5907)6704
ご注文窓口　　　　　電話03(5907)6668

＊検印省略　　　組版所　長野印刷商工株式会社

本書の無断コピーは，著作権・出版権にふれます。ご注意ください。

Printed in Japan　　　　　ISBN978-4-18-258813-6
もれなくクーポンがもらえる！読者アンケートはこちらから →